L'album de la
COUPE DU MONDE
2002

© Calmann-Lévy 2002

N° d'éditeur : 13403/01
Dépôt légal : juillet 2002
ISBN : 2-7021-3299-5

Imprimé en Espagne

L'album de la
COUPE DU MONDE
2002

Guillaume REBIÈRE

calmann-lévy

SOMMAIRE

Avant-propos .... page **5**

Premier Tour .... page **6**

Huitièmes de finale .... page **54**

Quarts de finale .... page **68**

Demi-finales .... page **82**

Finale .... page **98**

La Coupe du monde 2002 en chiffres .. page **114**

AVANT-PROPOS

Ne demandez pas à Ronaldo s'il a vécu une belle Coupe du monde, il vous donnera son grand sourire d'enfant. Ce grand sourire à la vie au sortir d'un abominable cauchemar. Pour le meilleur joueur du tournoi, la XVIIe Coupe du monde, forcément, est magnifique. Mais pour ces milliards d'êtres humains qui ont vu même un court instant du spectacle le plus universel ? Aussi subjective que la planète, l'opinion peut varier.
Pour celui, chanceux, passé par Rio un jour de Penta, elle était pleine d'ivresse. Pour celui, curieux, revenu de Corée avec les images d'un peuple embrassant ses villes en un cortège de fleurs rouges, elle était étonnante. Pour celui, scrupuleux, qui juge le 4-5-1 ou le 4-4-2, les systèmes de jeu et les possessions de balle, elle n'était pas folichonne, sûrement pas novatrice. Pour celui, amoureux, qui guette les stars, leurs inspirations ou leurs caprices, elle n'était pas franchement enivrante. Pour celui, bienheureux, turc et transi de ferveur, mais l'œil aigu sur les courbes d'un beau jeu collectif, elle était épatante. Pour celui, grincheux, français, qui n'y a pas vu de bleu, elle était pathétique.
Cette Coupe du monde 2002 restera celle de tous les possibles. Y a-t-il eu un grand match, alors ? La demi-finale Brésil-Turquie, peut-être, pour son intensité et ses promesses de but que deux grands gardiens ont éteintes. Un signe : un Mondial livré aux gardiens de but, les magnifiques Kahn, Rüstü, Marcos, Friedel..., plutôt qu'aux éclats des attaquants, hors le dieu Ronaldo triomphant. Sans égale dans l'ébullition planétaire, pourvoyeuse inépuisable de bonheur mondialisé, la Coupe du monde a atteint son âge d'or, dont la face sombre, évidemment, n'est plus très loin. La décadence guette, incarnée par la chute spectaculaire des joueurs vedettes devenus pantins fracassés par les cadences infernales. Zidane, Figo, Raul, tiens ! le trident merveilleux du Real Madrid, la plus belle troupe du football spectacle, rendu au désenchantement ordinaire par un quadriceps déchiré, une cheville abîmée ou un adducteur martyrisé.
Repliée dans la contemplation de son nombril boursouflé de stars et d'argent, l'Europe n'a pas vu venir l'enthousiasme, la générosité, l'inspiration d'un nouveau monde : Turquie, Corée, États-Unis, Sénégal, Japon... Les grandes nations ont détourné leur échec dans la dénonciation de l'arbitrage, certes largement imparfait, toutes sauf la France. On laissera cette seule dignité aux Bleus, drapés dans la déroute comme de vieux héros ensevelis sous le déshonneur.

Guillaume Rebière

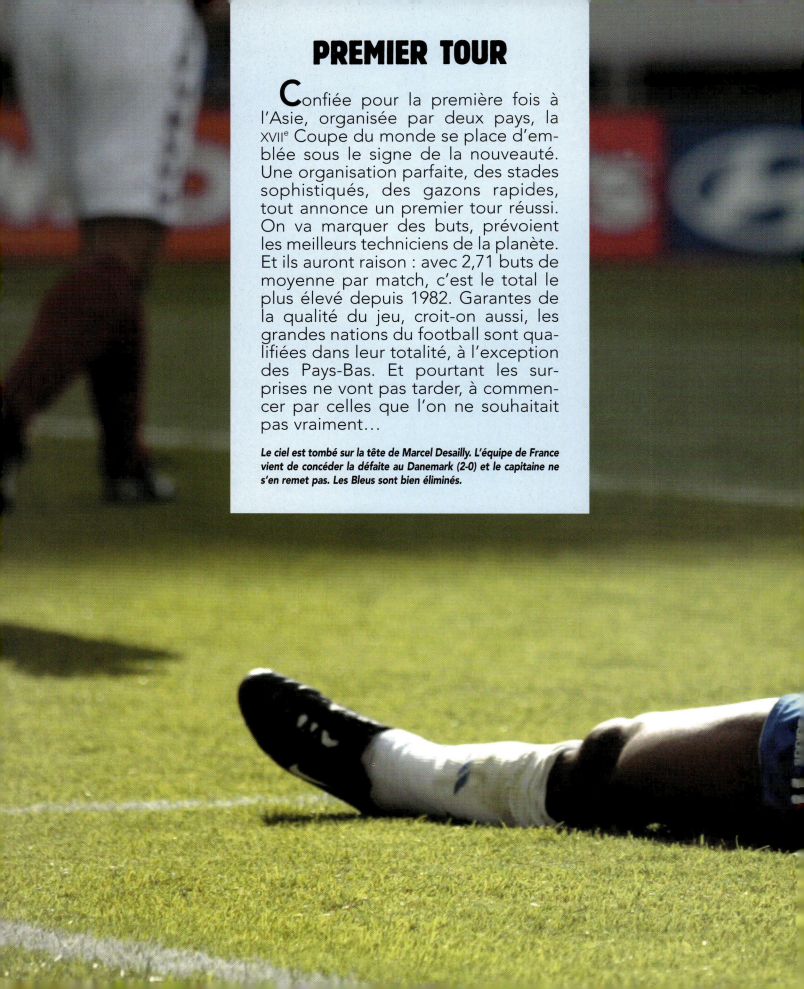

PREMIER TOUR

Confiée pour la première fois à l'Asie, organisée par deux pays, la XVIIe Coupe du monde se place d'emblée sous le signe de la nouveauté. Une organisation parfaite, des stades sophistiqués, des gazons rapides, tout annonce un premier tour réussi. On va marquer des buts, prévoient les meilleurs techniciens de la planète. Et ils auront raison : avec 2,71 buts de moyenne par match, c'est le total le plus élevé depuis 1982. Garantes de la qualité du jeu, croit-on aussi, les grandes nations du football sont qualifiées dans leur totalité, à l'exception des Pays-Bas. Et pourtant les surprises ne vont pas tarder, à commencer par celles que l'on ne souhaitait pas vraiment…

Le ciel est tombé sur la tête de Marcel Desailly. L'équipe de France vient de concéder la défaite au Danemark (2-0) et le capitaine ne s'en remet pas. Les Bleus sont bien éliminés.

Vendredi 31 mai
France-Sénégal 0-1 (Groupe A)
LA BELLE IRRÉVÉRENCE

Franchement, qui pouvait y croire, à part quelques marabouts et le président du Sénégal Abdoulaye Wade, tonitruant depuis Dakar quelques instants après la rencontre : « Tous ceux qui m'ont entendu savent que je ne suis pas surpris ! » En France, c'est un coup de tonnerre : les Bleus champions du monde sont battus (1-0) en match d'ouverture, et la défaite ne doit rien à quelque sorcellerie bien commode, tout simplement à la stratégie, au réalisme, au sang-froid des hommes du sélectionneur Bruno Metsu. Des vertus prétendument européennes, si bien assimilées par des joueurs tous issus du Championnat de France…

Puissance physique, technicité, la victoire sénégalaise s'est bâtie aussi sur les valeurs ataviques du football africain. Elle s'est incarnée dans le talent d'un attaquant de niveau mondial : à lui seul, El-Hadji Diouf a mobilisé la totalité de la défense française, déclenché des contres saignants, provoqué le but vainqueur. Pleines jambes, le Lensois souffle Franck Lebœuf côté gauche et centre en retrait ; Desailly dévie, Petit dégage sur Barthez qui remet en jeu Bouba Diop seul à 6 mètres (30e).

Alors commence pour les Bleus une crispante conquête du terrain miné par le système très dense, à deux rideaux défensifs, imaginé par Bruno Metsu. Sans inspiration dans le dernier geste, sans abattage physique surtout, l'équipe de France ne parvient pas

Desailly et Barthez sont à terre, Petit tente le geste du désespoir mais Bouba Diop va bientôt pousser le ballon dans le but. Les Sénégalais dansent sur le scalp des Bleus. Sur le banc, Zidane, blessé, reste impuissant, près de Candela. Le capitaine Desailly est effondré.

à bousculer son adversaire. « Même à deux minutes de la fin du match, je n'ai pas senti de dépassement de soi chez mes joueurs », déclarera Roger Lemerre très lucidement.

Aux explications de circonstance répondent des raisons plus profondes, qui glacent alors d'inquiétude, le Mondial à peine entamé : la fatigue physique générale liée à une longue saison en clubs, la motivation permanente face aux champions du monde, la connaissance largement partagée de l'équipe de France et de son système de jeu, l'absence définitive de Pires et celle, temporaire, de Zidane. Le créateur des Bleus, blessé à la cuisse cinq jours plus tôt dans un match de préparation peut-être inutile face à la Corée, laisse un vide impossible à combler. Face au Sénégal, la France a concédé sa quatrième défaite, seulement, en quarante-quatre matches de compétition officielle depuis les débuts en bleu de Zizou. Coïncidence sûrement, à chaque fois, il ne jouait pas...

Cet échec des Bleus marque aussi la troisième défaite d'un champion du monde en titre dans un match inaugural, après l'Argentine en 1982 et en 1990. L'inattendu semble la promesse de cette XVIIe Coupe du monde, la première organisée en Asie, la première confiée à deux pays hôtes, le Japon et la Corée du Sud. En présence du président sud-coréen Kim Dae-jung et du Premier ministre japonais Junichiro Koizumi, la cérémonie d'ouverture offrit le spectacle de 2 000 danseurs et musiciens dans une série de tableaux mêlant art traditionnel et visions modernistes. Dans ce travelling entre passé et présent, l'équipe de France peut voir également tout le chemin à parcourir...

La vie en bleu

Jean-François Lamour, le nouveau ministre des Sports, arrive en Corée du Sud pour soutenir l'équipe de France. Avant d'assister à la cérémonie d'ouverture et au match face au Sénégal, il effectue un passage symbolique au Stade olympique de Séoul, là où l'athlète de haut niveau avait gagné en 1988 sa seconde médaille d'or au sabre. Le pèlerinage avait valeur d'incantation. En vain...

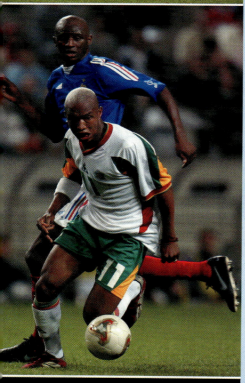

Barthez a tenté de repousser le danger permanent des contres sénégalais, incarné par le Lensois Diouf, ici face à Vieira. Les Bleus ont essayé : Liza devant Ndiaye, Henry devant Coly ou encore Djorkaeff pris dans la nasse des Lions.

Samedi 1er juin
Allemagne-Arabie saoudite 8-0 (Groupe E)

L'ALLEMAGNE TOUJOURS

Il y a longtemps maintenant que le football n'est plus un jeu pratiqué par deux équipes où l'Allemagne finit toujours par l'emporter. Triple championne du monde, la Mannschaft s'est qualifiée pour sa quinzième phase finale, mais après un barrage périlleux face à l'Ukraine. Elle reste sur deux quarts de finale médiocres pour son standing (Bulgarie 2-1 en 1994 et Croatie 3-0 en 1998) et surtout sur un Euro 2000 catastrophique. Au classement FIFA 2001, elle chute à son plus bas niveau (14e). Bardez cette sélection de tous les doutes, elle ne s'en croit jamais moins forte. Pour son premier match dans un groupe E équilibré, l'équipe de Rudi Völler atomise l'Arabie saoudite (8-0), qui n'a jamais paru si faible pour sa troisième participation consécutive.

Réduit à une totale inactivité, le gardien Oliver Kahn était le mieux placé pour assister au spectacle : « On a joué comme dans un rêve, l'équipe a montré tout ce qui est possible dans un match. Un résultat de ce genre offre de la confiance. Je sens qu'il se passe quelque chose dans ce groupe. » Une telle performance n'est jamais anodine, quand bien même l'adversaire s'y prête. Elle révèle par exemple l'attaquant Miroslav Klose, auteur d'un triplé, le troisième dans sa jeune carrière internationale. Né en Pologne, d'un

Héros du match, Miroslav Klose (n° 11) a inscrit trois des huit buts de l'Allemagne contre l'Arabie saoudite. Ballack (en haut), Linke (n° 2) et Jancker (n° 9) ont participé au spectacle, apprécié par Oliver Kahn depuis son but.

père international de football passé par l'AJ Auxerre entre 1978 et 1981, il est arrivé en Allemagne à l'âge de neuf ans. Le choix de la sélection lui a été proposé au moment des éliminatoires de cette Coupe du monde. Il a préféré l'Allemagne, sa nation de footballeur, et débuté en mars 2001 par le but de la victoire face à l'Albanie.

Contre l'Arabie saoudite, qui a lâché sous l'impact physique après seulement vingt minutes de jeu, Klose a marqué trois fois de la tête (20e, 25e, 69e). Les autres buts viennent comme un long défilé mortuaire pour le gardien Al-Deayea : la star montante Ballack (40e), les Bavarois Jancker (45e) et Linke (71e), le vieux Bierhoff, le plus capé sur le terrain avec Ziege (85e), et pour finir, le milieu du Bayer Leverkusen, finaliste de la Ligue des champions, Bernd Schneider (91e). C'est un des signes de la reconquête du football allemand : deux clubs de la Bundesliga ont atteint les finales des deux coupes d'Europe cette saison, Leverkusen et le Borussia Dortmund. Ces deux clubs fournissent neuf des vingt-trois joueurs retenus par Rudi Völler, alors que le Bayern Munich en compte quatre. En réalisant pour son match inaugural le troisième plus gros écart dans les statistiques de la compétition, après Hongrie-Corée du Sud en 1954 et Hongrie-Salvador 10-1 en 1982, l'Allemagne rappelle qu'il faut toujours compter sur elle dans les livres d'histoire.

LES MATCHES DU JOUR

URUGUAY-DANEMARK 1-2 (GROUPE A)

Buts : Rodriguez (47e) pour l'Uruguay ; Tomasson (45e, 83e) pour le Danemark.

Sous l'œil d'Aimé Jacquet, en mission d'espionnage des adversaires des Bleus, l'Uruguay, prétendue plus forte, en tout cas plus retorse, s'incline logiquement face au Danemark, appliqué, compact. La Celeste concède un but à la fin de chaque mi-temps. Une volée fouettée de Rodriguez réduit le score.

EIRE-CAMEROUN 1-1 (GROUPE E)

Buts : Holland (52e) pour l'Eire ; Mboma (39e) pour le Cameroun.

Les Lions du Cameroun voulaient épater leurs frères du Sénégal. Fatigués par une préparation chaotique, les champions d'Afrique sombrent après une première mi-temps maîtrisée et un but opportuniste de Mboma. Agressive, l'équipe de l'Eire égalise d'une frappe lointaine par Holland, puis écrase la fin de match sans marquer.

LA VIE EN BLEU

Un peu de réconfort ne peut pas leur faire de mal. Les compagnes des joueurs de l'équipe de France sont autorisées à rejoindre l'hôtel des Bleus. Arrivées trois jours plus tôt en Corée, elles ont suivi le match France-Sénégal, puis retrouvé leurs époux dans un rite maintenant établi depuis la Coupe du monde 1998. Virginie Desailly, Betty Lebœuf, Béatrice Trezeguet..., elles ont même assisté à l'entraînement du jour !

L'Uruguay a déçu : Montero, le défenseur de la Juve, n'a pas contenu le buteur Tomasson ou le milieu Jorgensen. Coup dur pour les Danois : Töfting s'est blessé (ci-dessus de haut en bas). Le capitaine irlandais Staunton s'impose, Lauren prend le dessus, à l'image d'un Eire-Cameroun équilibré, malgré les offensives d'Olembé ou de Mboma devant le gardien Given (à droite de haut en bas).

Dimanche 2 juin
ANGLETERRE-SUÈDE 1-1 (GROUPE F)

AU ROYAUME DE DAVID BECKHAM

C'est un corner, juste l'ordinaire d'un match. Mais c'est David Beckham qui le frappe. Dans le stade de Saitama, les flashes crépitent comme au concert d'une star de la pop. Le geste recèle cette petite part artistique, quelque chose de radicalement atypique en tout cas, qui fait la marque du joueur anglais : le pied droit très ouvert, quasi perpendiculaire à l'axe de la jambe, les pas d'élan très rapides, la soudaineté de la frappe. À la retombée de ce corner parfait, la tête de Sol Campbell et le but (24e). L'Angleterre mène, mais c'est illusoire : dominée en deuxième mi-temps par des Suédois plus engagés, elle concède le nul (1-1) sur un but d'Alexandersson (59e), un premier résultat contrariant dans ce groupe F impitoyable, qui comprend aussi l'Argentine et le Nigeria.

Le jour même où la reine fête ses cinquante ans de règne, l'inquiétude gagne un pays qui a prié, deux

David Beckham dans tous ses états. Tant attendu, le retour du capitaine anglais est payant : passe décisive pour Campbell. Il est fêté par ses partenaires, dont Rio Ferdinand (n° 5), qui impose aussi sa taille

mois durant, pour le retour de son joueur vedette. « Le monde entier est concerné par son état de forme », a même lancé le sélectionneur Sven-Göran Eriksson. Blessé au pied avec Manchester United en Ligue des champions, David Beckham a annoncé son rétablissement définitif quelques jours avant l'ouverture de la Coupe du monde, après sept semaines d'intense suspense. Dans un sondage éloquent, l'opinion publique britannique a même indiqué qu'elle s'intéressait bien plus à son joueur chéri qu'au jubilé de sa reine.

Souverain d'Angleterre, David Beckham forme avec son épouse Victoria, ancienne Spice Girl reconvertie dans une carrière solo, le couple le plus populaire du royaume. C'est le mariage du football et de la pop à succès, deux bases fondamentales de la culture anglaise. Dans un équilibre très étudié, leur vie est faite d'extravagances publiques et d'intime normalité, de quoi être fasciné et s'identifier en même temps pour le peuple des pubs. Honnie après l'élimination face à l'Argentine et sa traître expulsion il y a quatre ans, l'idole est devenue capitaine quatre ans plus tard, pilier indispensable et exemplaire de la sélection.

Auteur de quelques transversales à sa façon qui ont permis de sauter le bloc défensif suédois, mais encore à court de condition, David Beckham est sorti du terrain après une heure de jeu. La Suède a alors vécu sa meilleure période du match, profitant du recul sur leur but des Anglais, privés également de l'abattage du milieu de Liverpool Steven Gerrard. « Nous avons baissé le pied physiquement en deuxième mi-temps. Les gars étaient abattus au vestiaire, mais il faut positiver », analyse Beckham dès la fin de la rencontre. Considérée comme une des favorites de la compétition, l'équipe d'Angleterre montre sur ce match des lacunes profondes, notamment la jeunesse de son effectif et son inexpérience à gérer un avantage. Il reste une star pour sauver le pays…

devant Mjallby (en haut). Owen et Cole (ci-dessus), ou encore Vassel (à droite), bousculent la défense des Suédois, qui finiront par revenir au score. Torse nu, Larsson s'en félicite, les Bleus sont ravis du match nul.

Les matches du jour

Paraguay-Afrique du Sud 2-2 (Groupe B)

Buts : Santa Cruz (39e), Arce (55e) pour le Paraguay ; Struway (63e csc), Fortune (91e sp) pour l'Afrique du Sud.

Privé de son charismatique gardien-capitaine Jose Luis Chilavert, le Paraguay a laissé échapper une victoire importante. Un coup de tête de Santa Cruz et un coup franc d'Arce lui donnent deux buts d'avance, qu'une maladresse et la ténacité des Sud-Africains vont anéantir : le milieu Struway prend son propre gardien à contre-pied et le gardien Tavarelli provoque un penalty dans les arrêts de jeu.

Espagne-Slovénie 3-1 (Groupe B)

Buts : Raul (44e), Valeron (74e), Hierro (88e sp) pour l'Espagne ; Cimerotic (82e) pour la Slovénie.

L'Espagne n'avait pas gagné un premier match de Coupe du monde depuis l'édition 1950 ! C'est fait, et cela donne du corps aux ambitions de la star Raul, qui ouvre le score habilement contre la Slovénie, ou du capitaine Hierro, qui clôt la marque sur penalty. La victoire est complétée par le premier but en sélection de Valeron, le milieu du Deportivo La Corogne.

Argentine-Nigeria 1-0 (Groupe F)

But : Batistuta (63e).

Un grand attaquant dans une grande occasion : Gabriel Batistuta marque l'unique but de la précieuse victoire de l'Argentine, lancée à la mesure de son statut de favorite. Sur un corner de Veron, l'attaquant de la Roma place sa tête au deuxième poteau et libère un match souvent apathique. C'est son cinquante-sixième but en soixante-seize sélections, un ratio phénoménal. Batigol entre aussi dans le Top 10 des meilleurs buteurs de la Coupe du monde, avec dix réalisations.

La vie en bleu

Autour de lui, sur le terrain d'entraînement, le médecin, le kiné, l'ostéopathe et même un homme du Raid ! Une seule question obsède le clan des Bleus : la cuisse de Zidane sera-t-elle guérie pour le prochain match contre l'Uruguay ? Le meneur des Bleus se rend aussi dans un hôpital de Séoul pour tester son quadriceps. Il veut jouer, mais le temps semble manquer pour un rétablissement complet. Suspense…

Joie argentine après le but de Batistuta, congratulé par Pochettino, Samuel, Sorin et à l'arrière-plan Ortega (à gauche). Le capitaine Veron a mené le jeu devant une solide défense : le Nigérian du PSG Ogbeche bute sur Placente (en haut). L'Espagne réussit son entrée sous l'impulsion de Luis Enrique (au milieu). Santa Cruz, du Bayern, vient d'ouvrir le score pour le Paraguay (ci-dessus).

Lundi 3 juin
Brésil-Turquie 2-1 (Groupe C)
RONALDO LANCE LE BRÉSIL

Le but n'est guère académique : un centre de Rivaldo, une extension entre deux défenseurs turcs, et le bout du pied qui pousse le ballon (50e). Mais c'est le premier but de Ronaldo en match officiel avec le Brésil depuis… juillet 1999. Un but qui voudrait dire la fin d'un drame personnel, qui voudrait signifier aussi que la période la plus noire du football brésilien trouve son terme. Dans les sourires éclatants de Rivaldo, de Ronaldinho, de Juninho, dans la communion du banc brésilien, il y a l'espoir d'un renouveau.

À ce moment du match, le Brésil revient seulement au score. Prise dans ses démons, comme lestée par cette campagne misérable de qualification dont elle est sortie avec six défaites (contre une seule jusque-là dans toute l'histoire), la Seleção est secouée en première mi-temps par une équipe de Turquie organisée, entreprenante, qui ouvre la marque sur une reprise croisée de Hasan Sas (45e). Un quart de finale à l'Euro 2000, la victoire de Galatasaray dans la Coupe UEFA la même année, un nouveau pays émerge, qui participe à la Coupe du monde pour la deuxième fois de son histoire seulement (après 1954).

Est-ce le poids du palmarès justement qui pousse l'arbitre à accorder un penalty, transformé par Rivaldo (87e), pour une faute commise en dehors de la surface ? Qui provoque l'expulsion de deux joueurs

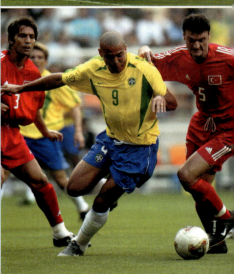

Ronaldo retrouve son sens du but (en haut) marque en extension et dribble entre Bulent et Alpay (à droite). Le capitaine turc Hakan Sükür inquiète le gardien brésilien Marcos, mais Cafu veille (à gauche).

turcs ? Le Brésil s'impose sur le talent de ses individualités. Comme d'habitude, les vieilles gloires refont le match. « Le remplacement de Ronaldo en seconde mi-temps a provoqué une sérieuse chute de rendement », analyse l'ancien sélectionneur Mario Zagallo. « L'équipe se montre très unie et Ronaldo redevient lui-même », se félicite Pelé.

Redevenir lui-même, Ronaldo l'a cherché en vain depuis la dernière Coupe du monde. Depuis ces convulsions l'après-midi de la finale, on n'a jamais percé les mystères d'une star à la dérive, happée par le business et la démesure. Tendinites chroniques, accidents musculaires, l'attaquant de l'Inter finit par être opéré du genou en novembre 1999. Le 12 avril 2000, il revient à la compétition, juste six minutes : le tendon rotulien lâche sur un démarrage, glaçante image. Nouvelle opération, et une convalescence qui va s'éterniser seize mois.

Quand Luiz Felipe Scolari avance sa liste des vingt-trois, le doute subsiste : revenu véritablement depuis deux mois, Ronaldo peut-il soutenir le rythme d'une Coupe du monde ? « Je tiendrai la distance, assure-t-il après la victoire contre la Turquie. Je suis sorti à la soixante-dixième minute, mais cela ira mieux au second match, encore mieux au troisième, et je n'aurai plus du tout de problèmes au quatrième ! » Le quatrième ? Ce sont les huitièmes de finale. Le Brésil est bien de retour, il se croit même déjà qualifié !

LES MATCHES DU JOUR
ITALIE-ÉQUATEUR 2-0 (GROUPE G)
Buts : Vieri (7e, 27e).

Entrée réussie pour l'Italie, bâtie par Giovanni Trapattoni sur un 4-4-1-1 hermétique en défense et explosif en attaque. Le match est plié en une demi-heure sur un doublé de Christian Vieri : passe en retrait de Totti et plat du pied gauche ultrapuissant, contre lancé par Di Biagio et l'Interiste conclut en solitaire.

CROATIE-MEXIQUE 0-1 (GROUPE G)
But : Blanco (61e sp).

Troisièmes de la Coupe du monde 1998, les Croates semblent usés. Le trio Prosinecki-Suker-Boksic, trente-trois ans de moyenne d'âge, n'a plus ni vitesse ni inspiration. Le Mexique s'impose sur penalty par Blanco, lui-même fauché par Zivkovic, qui devient le premier expulsé du Mondial.

LA VIE EN BLEU

Pour se tenir informés, les joueurs de l'équipe de France reçoivent une revue de presse quotidienne. À trois jours du match crucial contre l'Uruguay, elle est soudain suspendue, en même temps qu'un huis clos complet est décrété à l'entraînement. Les Bleus se renferment alors que Roger Lemerre avait laissé jusque-là aux joueurs une liberté bien plus grande qu'Aimé Jacquet en 1998.

Entrée réussie pour l'Italie, qui défait l'Équateur grâce à un doublé de Vieri, à l'activité de Totti, à la sûreté de Maldini, et au grand bonheur de ses supporters (ci-dessus de haut en bas). Le Mexique célèbre, Mercado en tête, sa victoire contre la Croatie ; Luna est rattrapé par les deux frères Kovac; le Monégasque Marquez au contact avec Stanic et Morales qui échappe au tacle (à droite de haut en bas).

Mardi 4 juin
Corée du Sud-Pologne 2-0 (Groupe D)

MATIN FERVENT

Le stade de Pusan déborde de couleurs éclatantes comme la victoire de ces onze hommes échevelés. Jamais les Coréens n'avaient remporté une victoire en cinq participations à la Coupe du monde. Nouveaux Diables rouges, les joueurs de Guus Hiddink font souffler sur la compétition et sur leur pays un vent d'allégresse. Jeu vif, pressing constant, technique intéressante, la Pologne n'y résiste pas et encaisse un but par mi-temps : une reprise au premier poteau de Hwang Sun-hong sur un centre venu de la gauche (26e), un raid solitaire de l'inépuisable Yoo-Sang chul qui frappe des 20 mètres entre trois défenseurs (53e).

« Quand je suis arrivé à la tête de cette formation, on m'a dit que mon contrat serait rempli si je gagnais ce premier match, commente Guus Hiddink. Mais je crois maintenant que cette victoire n'est qu'une étape. » L'ancien sélectionneur des Pays-Bas à la Coupe du monde 1998 comprend immédiatement l'impact énorme que ce succès provoque. Hôte de la Coupe du monde avec le Japon, la Corée du Sud se savait certaine de réussir l'événement : organisation minutieuse, stades superbes, sécurité parfaite, économie gonflée, même si des fragilités persistent. En revanche, la population n'avait guère confiance dans la valeur de son équipe.

Un an plus tôt, seuls 20 % des Coréens estimaient possible la qualification à l'issue du premier tour. À

La Pologne n'a pas résisté à la fougue des Coréens. Hajto est obligé d'attraper le maillot de Seol pour l'arrêter (en haut). Kim Tae-young tacle Zurawski et Seol encore s'échappe devant Waldoch (à gauche de haut en bas). Les Polonais sont restés sous pression tel le Lensois Bak (ci-dessus).

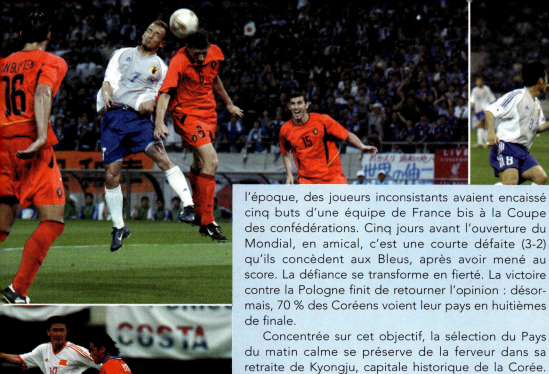

l'époque, des joueurs inconsistants avaient encaissé cinq buts d'une équipe de France bis à la Coupe des confédérations. Cinq jours avant l'ouverture du Mondial, en amical, c'est une courte défaite (3-2) qu'ils concèdent aux Bleus, après avoir mené au score. La défiance se transforme en fierté. La victoire contre la Pologne finit de retourner l'opinion : désormais, 70 % des Coréens voient leur pays en huitièmes de finale.

Concentrée sur cet objectif, la sélection du Pays du matin calme se préserve de la ferveur dans sa retraite de Kyongju, capitale historique de la Corée. Cette ville représente l'âge d'or d'une longue histoire tourmentée. Devenue cité-musée, elle reprend vie au-delà de toute espérance grâce aux Diables rouges. Comme au temps béni du royaume de Silla.

Les matches du jour
Chine-Costa Rica 0-2 (Groupe C)
Buts : Gomez (61e), Wright (65e).

Trop tendre à ce niveau, la Chine a manqué le premier match de son histoire en Coupe du monde. Les joueurs de Milutinovic, qui dispute, lui, son cinquième tournoi, encaissent deux buts en cinq minutes : un tir contré de Wanchope repris par Gomez et une tête de Wright sur un corner combiné.

Japon-Belgique 2-2 (Groupe H)
Buts : Suzuki (59e), Inamoto (68e) pour le Japon ; Wilmots (57e), Van Der Heyden (75e) pour la Belgique.

Les Japonais méritent le premier point de leur pays en Coupe du monde. Mieux, la victoire aurait été logique avec ce but d'Inamoto en fin de match injustement refusé. Le stade de Saitama s'est enflammé sur les deux buts splendides de Suzuki et Inamoto. La Belgique a répondu par Wilmots d'un ciseau et par Van Der Heyden sur un lob.

La vie en bleu

« Allez Zidane, nous sommes avec toi ! » L'affiche est collée sur un mur de l'hôpital de Séoul, où les infirmières coréennes prennent soin de leur plus précieux patient. L'IRM est examinée par le Dr Ferret, médecin des Bleus, en liaison directe avec une clinique parisienne spécialisée. « L'évolution est favorable », dit le communiqué, telle la chronique d'un chef d'État en convalescence.

Autre sensation, l'entrée du Japon contre la Belgique. La star Nakata est à la lutte avec Simons (en haut à gauche). Le buteur Inamoto échappe à Van Kerckhoven pendant que Morioka contrôle derrière ; Van Buyten impose sa taille face à Yanagisawa (à droite de haut en bas). Seule la Chine a cédé devant le Costa Rica: Hao centre en vain et Li Xiaopeng ne parvient pas à contrer Centeno (ci-dessus au centre et en bas).

Mercredi 5 juin
États-Unis-Portugal 3-2 (Groupe D)

LE PORTUGAL SONNÉ

Le tableau d'affichage du stade de Suwon affiche déjà 3-0 après une demi-heure de jeu, 3-0 pour les États-Unis ! Le Portugal est assommé. Incapables de supporter l'engagement des Américains, apathiques sous l'impact de leurs offensives, les coéquipiers de Luis Figo s'inclinent sur le premier corner du match : O'Brien s'impose de la tête (4e). Puis Jorge Costa détourne un centre dans son propre but (29e), avant que McBride, seul au deuxième poteau, ne place encore une tête (36e). Les Portugais ne sont pas encore entrés dans le match et c'est déjà une déroute.

L'invraisemblable scénario douche les forces et les ambitions du Portugal, annoncé comme un outsider sérieux de la Coupe du monde pour sa troisième participation. Privée des deux dernières éditions, la génération dorée – lancée par un double titre de championne du monde juniors en 1989 et 1991 – attendait l'événement comme une consécration. Certains osaient même parler de titre mondial... Mais n'est-ce pas déjà trop tard pour Figo, Rui Costa, Couto ? Diminuée par une blessure à la cheville, la star du Real n'a plus l'aura de l'Euro 2000, quand elle fut le principal artisan des succès portugais jusqu'à la demi-finale perdue contre la France. Rui Costa sort de la pire saison de sa carrière au Milan AC. Le *Laziale* Couto ne joue plus que sur ses vieux tics de défenseur roublard...

« Ce résultat est un coup dur pour toute l'équipe, commente Figo à chaud. Ce n'est pas le jeu physique des Américains qui a fait la différence, mais nos propres faiblesses. Nous avons commis des erreurs qui ne sont pas permises à ce niveau. Nous étions surpris d'être menés 3-0 et nous ne savions pas comment réagir... » La réaction viendra pourtant, mais désordonnée et vaine : un but de Beto sur corner, un but contre son camp américain sur un centre de Pauleta, bien moins décisif qu'avec Bordeaux. Le meilleur buteur du Championnat de France était un atout nouveau : il ne s'est imposé en sélection qu'à l'occasion du brillant parcours éliminatoire du Portugal (sept victoires, trois nuls), qui annonçait une entame moins surprenante en Coupe du monde. Pour l'anecdote, ce match recèle d'autres surprises : deux buts contre son camp ont été marqués pour la première fois dans l'histoire du Mondial...

Le Portugal n'a jamais échappé à l'emprise américaine, tel Beto devant Hejduk (à droite), qui peut triompher à la fin du match. Figo, lui, peut pleurer ; il a été réduit à tacler, comme ici Sanneh (ci-dessus de haut en bas). Les États-Unis menaient 3-0 après la tête de McBride, seul devant Vitor Baia et Couto impuissants (en haut).

Les matches du jour
Allemagne-Eire 1-1 (Groupe E)

Buts : Klose (19°) pour l'Allemagne ; Keane (92°) pour l'Eire.

Esprit de combat et solidarité, l'Eire arrache le match nul sur ses valeurs ataviques. À un but de Klose, son quatrième déjà, et toujours de la tête, Robbie Keane, l'attaquant vedette de Leeds, répond dans les arrêts de jeu : pénétration dans la surface et frappe puissante. « On a refusé le jeu », avoue Bierhoff.

Russie-Tunisie 2-0 (Groupe H)

Buts : Titov (59°), Karpine (64° sp).

Privés de Mostovoï et de Smertine, les Russes prennent la mesure de Tunisiens assez faibles, même si les buts ne viennent qu'en deuxième mi-temps. Sur une mauvaise relance du gardien bastiais Boumnijel, Titov récupère et frappe à 20 mètres. Une faute stupide de Jaïdi provoque un penalty transformé par Karpine. La Russie est en tête du groupe H.

La vie en bleu

Les bookmakers ne croient plus dans les Bleus. À la veille du match décisif face à l'Uruguay, la cote de la France est passée de 3 contre 1 à 6 contre 1. Du statut de favorite n° 1 avant la Coupe du monde, elle descend à la cinquième place derrière l'Italie, l'Argentine, le Brésil et l'Espagne. Consolation, la France reste le pays qui intéresse le plus grand nombre de parieurs. Maintenant, il y a gros à gagner…

Spectaculaire Allemagne-Eire, où le buteur irlandais Robbie Keane s'envole devant Linke (à gauche). Neil Quinn apprécie le but de la quatre-vingt-douzième minute (en haut). Jancker est à terre, la lutte est acharnée entre Duff et Klose devant Hamann, ou entre Frings et Keane (à droite de haut en bas). Pendant Russie-Tunisie, Karpine devance Sellimi (ci-dessus).

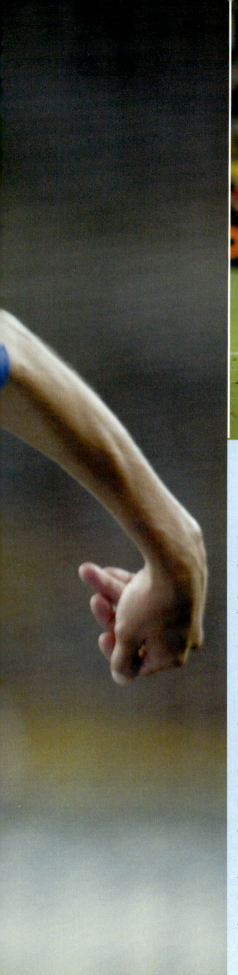

Jeudi 6 juin
France-Uruguay 0-0 (Groupe A)
TOUJOURS VIVANTS

Sur la route d'un exploit inédit et prodigieux – la conquête d'une deuxième Coupe du monde avec un Euro en prime –, l'équipe de France établit un record face à l'Uruguay. Elle s'en serait bien passée... Les Bleus ont obtenu le premier 0-0 du Mondial 2002 ! Au vingtième match de la compétition, alors qu'il avait fallu attendre seulement la dix-septième rencontre en 1994, dernier record de l'époque moderne. Anecdotique sûrement, mais symptomatique : les Bleus n'ont toujours pas gagné, n'ont pas marqué le moindre but, sont loin d'une qualification pour les huitièmes de finale... Miracle : ils ne sont pas éliminés ! Le drame est passé à un pied de Fabien Barthez dans les dernières secondes. Un réflexe du gardien de Manchester United sur une frappe puissante de Magallanes, un de ces contres uruguayens dont on a craint le coup de poignard pendant toute la rencontre. La France a fait l'essentiel du jeu (avec une possession de balle de 55 %), mais les péripéties et les circonstances du match – ces détails qui font les victoires – lui furent fatales. Il y a d'abord la blessure de Franck Leboeuf après un premier quart d'heure intense des Bleus. Sur une intuition, Roger Lemerre tente la charnière centrale Thuram-Desailly, souvent souhaitée, jamais essayée. Quelques minutes de réglage passées, Thierry Henry est expulsé sur un tacle grossier, qui témoigne de son malaise depuis le début de la compétition.

Contre l'Uruguay, les Bleus ont tenté en vain, à l'image de David Trezeguet, qui trouvera peu de situations favorables (à gauche). Le tournant du match : l'expulsion de Thierry Henry en première mi-temps. Roger Lemerre est inquiet; Micoud, promu meneur, n'a pas convaincu; Desailly est effondré devant Vieira (ci-dessus de haut en bas).

Réduite à dix, l'équipe de France va garder cohésion et détermination, des valeurs étiolées contre le Sénégal. Elle se crée les meilleures occasions de la deuxième mi-temps : une volée de Trezeguet claquée par le gardien Carini, une frappe encore de l'avant-centre tricolore repoussée par son coéquipier de la Juve Montero, un coup franc de Petit sur l'extérieur du poteau... Dans un duel épique, tendu et parfois violent, la Celeste manque deux contres cruels par Recoba et Abreu.

Sous pression, championne du suspense, l'équipe de France a remis à la dernière rencontre contre le Danemark l'espoir de passer le premier tour. Une défaite, un match nul et malgré tout la qualification, trois équipes seulement ont réussi cet exploit dans toute l'histoire de la Coupe du monde : l'Angleterre en 1986, l'Argentine en 1974, la Corée du Nord en 1954. Dans les vestiaires du stade de Busan, les Bleus viennent embrasser le crâne de Fabien Barthez, comme au bon vieux temps. Son arrêt de la dernière minute a empêché la défaite, la fin d'une époque, la mort prématurée d'une génération. Les joueurs se prennent par la main, font le serment de la victoire. Vincent Candela traduit : « On a été les plus forts depuis quatre ans. Si on n'obtient pas cette victoire, tout s'arrête. Si on y arrive, on reparlera de la France... »

Les matches du jour
Danemark-Sénégal 1-1 (Groupe A)

Buts : Tomasson (16e sp) pour le Danemark ; Diao (52e) pour le Sénégal.

C'est le jour de Salif Diao : un penalty concédé, transformé par Tomasson, qui donne l'avantage aux Danois. Puis vient l'égalisation sur une limpide action sénégalaise à cinq touches, avant une expulsion à la quatre-vingtième minute ! Les Lions confirment leur match d'ouverture dans une version de jeu plus offensive. Les deux équipes restent en tête du groupe A.

Cameroun-Arabie saoudite 1-0 (Groupe E)

But : Eto'o (65e).

Avec cinq nouveaux joueurs et la honte de la défaite face à l'Allemagne, les Saoudiens ont bien mieux résisté à des Camerounais encore décevants. Sur un service de Geremi, c'est Eto'o, seul face au gardien, qui marque le seul but de la rencontre et relance le Cameroun vers la qualification. L'Arabie saoudite est la première équipe éliminée du Mondial 2002.

La vie en bleu

À la Bourse de Paris, on regarde attentivement la Coupe du monde. Et le titre TF1 n'a pas beaucoup aimé France-Uruguay ! Le bon premier quart d'heure des Bleus enthousiasme les marchés : progression de 2,26 %. L'action passe dans le rouge juste après l'expulsion de Thierry Henry et affiche à la fin du match un recul de 3,31 %. La chaîne est sur les nerfs : elle a payé très cher les droits du Mondial...

Le Cameroun se relance devant l'Arabie saoudite, mené par le Gunner Lauren (à droite). Samuel Eto'o vient de marquer le seul but de la rencontre ; le capitaine Rigobert Song surveille les contres saoudiens. Le Sénégal, lui, a confirmé contre le Danemark en obtenant le nul grâce à Salif Diao (de haut en bas).

Vendredi 7 juin
Argentine-Angleterre 0-1 (Groupe F)

UN BEAU MATCH TOUT SIMPLEMENT

Vingt ans après l'arrêt des hostilités dans la guerre des Malouines, le 14 juin 1982, un autre conflit semble avoir pris fin. Argentine-Angleterre, ce match-là n'a jamais vraiment ressemblé à du football. Dans la légende d'une rivalité qui remonte à la fin du XIXe siècle, il y a deux épisodes fameux. Deux escarmouches dont on peut croire qu'elles furent un peu la prolongation de la guerre par d'autres moyens. En 1986, Diego Maradona marque de la main, la fameuse « main de Dieu » dont l'Argentine se repaît encore aujourd'hui. Ainsi l'ancien sélectionneur Luis Cesar Menotti assure que « c'était encore meilleur de gagner grâce à un but si injuste » ! Il y a quatre ans, dans un match pourri, Diego Simeone fait exclure David Beckham, qui devient paria dans son pays après une nouvelle défaite.

« Becks referme une blessure de quatre ans », titre la presse tabloïd cette fois-ci. Plus prosaïque, le capitaine anglais clame son bonheur : « Rien ne pouvait me rendre plus heureux que cette victoire. J'attends ça depuis quatre ans, et ces quatre années ont été longues. Toute l'équipe a été géniale. » Sur un penalty puissant, consécutif à une faute de Pochettino sur Owen, l'Angleterre et Beckham n'ont en fait vengé

L'Angleterre remporte son match contre l'Argentine. Dans le tacle de Nicky Butt, toute la détermination anglaise (en haut). L'Argentine est à terre : Sinclair à la lutte avec Zanetti (à gauche de haut en bas). Michael Owen prend de vitesse Diego Placente, David Beckham triomphe (ci-dessus de haut en bas).

que le football, sorti grandi dans une rencontre de haut niveau, sans incidents ni tricheries, bien dirigée par l'arbitre italien Pierluigi Collina. Sous le Dôme de Sapporo, l'atmosphère fervente mais digne a éteint toute velléité belliqueuse des supporters. Le jeu pouvait triompher.

Dans une première mi-temps où chaque équipe exerce son emprise alternativement, le but de Beckham (44ᵉ) va donner un tout autre sens à la rencontre. Dès lors, les Anglais vont héroïquement ériger un mur défensif contre les tentatives argentines. Étrangement insipide, Veron est remplacé par Aimar à la mi-temps. Le sélectionneur Marcelo Bielsa lance toutes ses pièces offensives, Crespo et Claudio Lopez, à la place de Batistuta et Kily Gonzalez. La pression incessante, l'alternance entre jeu court et longs ballons dans la surface, l'Argentine tente en vain (65 % de possession de balle) et oblige le gardien d'Arsenal David Seaman à quelques arrêts miraculeux, notamment sur une tête de Pochettino. Pour l'Angleterre, c'est un pas important vers la qualification pour les huitièmes de finale, dans un groupe F serré comme attendu. Sa favorite, l'Argentine, se retrouve dans une situation compromise. « Nous saurons renverser le sort », jure Juan Sebastian Veron, capitaine déchu.

Les matches du jour

Espagne-Paraguay 3-1 (Groupe B)

Buts : Morientes (53ᵉ, 69ᵉ), Hierro (83ᵉ sp) pour l'Espagne ; Puyol (10ᵉ csc) pour l'Équateur.

En dominant facilement le Paraguay, l'Espagne devient la première équipe qualifiée pour les huitièmes de finale. Menés au score à la mi-temps, les joueurs de Camacho reviennent sur une tête de Morientes, qui double après une sortie manquée de Chilavert. Hierro clôt le score sur penalty, son vingt-neuvième but en sélection, le record espagnol.

Suède-Nigeria 2-1 (Groupe F)

Buts : Larsson (35ᵉ, 62ᵉ sp) pour la Suède ; Aghahowa (27ᵉ) pour le Nigeria.

Dans un match offensif, le Nigeria ouvre le score sur une tête puissante d'Aghahowa, qui fête son but par une série renversante de sept saltos ! Le bonheur s'avère bref : Larsson égalise de près, avant de donner la victoire à la Suède sur penalty. Sans victoire après deux rencontres, le Nigeria est éliminé.

La vie en bleu

Le ministre des Sports, Jean-François Lamour, a perdu le maillot (signé) que Zinedine Zidane lui avait offert ! C'était un précieux cadeau, la tunique bleue que Zizou aurait portée contre le Sénégal s'il n'avait pas été blessé. Le nouveau ministre l'a oubliée dans sa voiture avant de regagner la France. Un petit malheur de plus pour les Bleus…

L'Espagne confirme contre le Paraguay : dans une position acrobatique, Raul devant Pardes et Ayala ; le même en action ; Puyol, buteur contre son camp, face à Campos (ci-dessus de haut en bas). Suède-Nigeria : Ogbeche tente de déborder Mellberg ; West intervient devant Ljungberg ; Larsson est fauché et obtient un penalty qu'il transforme, félicité par Allback (à droite de haut en bas).

SAMEDI 8 JUIN
ITALIE-CROATIE 1-2 (GROUPE G)
DUR D'ÊTRE FAVORI

Dans un recoin du stade d'Ibaraki, Miroslav Blazevic lâche son stylo de chroniqueur pour laisser éclater sa joie. Le sélectionneur de la Croatie, médaillée de bronze de la dernière Coupe du monde, s'emporte : « On a retrouvé le vrai visage des Croates. Refaire le coup de 1998 ? Si les joueurs sont capables de battre une favorite comme l'Italie, tout est possible. » Après la France, le Portugal, l'Argentine, la Squadra Azzurra devient le quatrième prétendant à connaître la défaite dans ce premier tour. Et il a fallu trois minutes seulement pour retourner le résultat.

Christian Vieri ouvre le score de la tête en début de deuxième mi-temps (55e). C'est son huitième but en phase finale de Mondial : cinq en 1998 et déjà trois en 2002. L'affaire semble entendue, l'Italie contrôle la partie. Prosinecki et Suker renvoyés sur le banc, la Croatie s'en remet à sa jeunesse. À vingt-deux ans, Ivica Olic, meilleur buteur de son pays avec le NK Zagreb, se charge de renverser le sort. Il égalise en passant dans le dos de la défense italienne (73e), puis Niko Rapaic signe la victoire d'une frappe du gauche touchée par Materazzi, le défenseur de l'Inter.

« C'était un beau match. Il y a eu trois buts, il aurait

Nouvelle surprise : la Croatie bat l'Italie. Soldo monte plus haut que tout le monde (en haut). Le jeune Olic échappe à Tommasi (à gauche). Le milieu de la Roma tente de résister à Rapaic (ci-dessus).

pu y en avoir quatre ou cinq », ironise Giovanni Trapattoni en songeant aux deux buts refusés, l'un à Vieri (pour un hors-jeu litigieux) et l'autre à Inzaghi (pour un tirage de maillot peu évident). « Au moins l'un des deux était valable, ajoute le sélectionneur de la Squadra. Un nul aurait été mérité. » Sans doute si l'on ajoute en fin de rencontre le merveilleux coup franc de Totti, qui heurte le poteau et court le long du but. Pour Alen Boksic, vétéran croate du Calcio, il y a une autre explication : « Les Italiens étaient trop confiants… »

Voilà une nouvelle surprise dans cette Coupe du monde très ouverte. Deux facteurs se conjuguent pour expliquer le phénomène : la progression en profondeur des équipes moyennes, couplée à l'état de fatigue des meilleures sélections européennes et sud-américaines, dont l'essentiel des joueurs sortent d'une longue saison dans les grands clubs du Vieux Continent. Dans ce Mondial rendu incertain, les grosses cotes se renversent d'un match à l'autre. L'Allemagne étrille l'Arabie saoudite, qui propose ensuite une belle résistance au double champion d'Afrique camerounais. L'Argentine bombe le torse de son statut de favorite avant de plonger dans le doute. Et cette satanée équipe de Croatie, revenue d'une minable défaite contre le Mexique pour faire chanceler l'Italie…

Les matches du jour

Afrique du Sud-Slovénie 1-0 (Groupe B)
But : Nomvete (4ᵉ).

Dans un des matches les plus médiocres du premier tour, on retiendra l'élimination de la Slovénie, indigente à tous points de vue. Plus présents physiquement, plus habiles techniquement, les Sud-Africains s'imposent sur un seul but de Nomvete : sur un coup franc, il manque sa tête mais marque de la cuisse…

Brésil-Chine 4-0 (Groupe C)
Buts : Roberto Carlos (15ᵉ), Rivaldo (32ᵉ), Ronaldinho (44ᵉ sp), Ronaldo (59ᵉ).

Le quadruple champion du monde poursuit son rodage. Et la Chine s'avère l'adversaire idéal. Roberto Carlos ouvre le score sur un coup franc somptueux, puis Rivaldo de volée devant le but, Ronaldinho sur penalty et Ronaldo à la réception d'un centre de Cafu jalonnent la balade de la Selecção, achevée avant l'heure de jeu.

La vie en bleu

Zidane reprend l'entraînement. L'information est banale pour un footballeur. Pas pour celui-là. Le stratège des Bleus a été autorisé par le staff médical à se joindre au travail collectif : une heure avec le ballon, mais sans forcer. Le Dʳ Ferret annonce que Zizou « a des chances de jouer contre le Danemark ». Le joueur, lui, n'a toujours pas parlé depuis sa blessure, deux semaines plus tôt.

Nzama devance Novak et les Sud-Africains l'emportent devant des Slovènes dépités et déjà éliminés ; les supporters des Bafana Bafana exultent (ci-dessus de haut en bas). Promenade du Brésil contre la Chine : Roberto Carlos, avec Juninho, ouvre le score sur coup franc ; Ronaldinho marque sur penalty ; le capitaine Cafu reste vigilant (à droite de haut en bas).

Dimanche 9 juin
Japon-Russie 1-0 (Groupe H)

LE JAPON DU SHOGUN

« C'est une date historique, la première victoire du Japon en phase finale de Coupe du monde. » Dès la fin du match face à la Russie, Philippe Troussier, son sélectionneur français, saisit la portée de l'événement. Ce succès ouvre aussi le chemin des huitièmes de finale. « Nous sommes bien partis, avoue-t-il. On a vu aujourd'hui une grande équipe japonaise, de grands joueurs et un grand public. » Dans le stade de Yokohama, le prince Nahurito et la princesse Masako sortent de leur pudeur légendaire. Le Premier ministre Junichiro Koizumi s'emballe : « Je n'ai jamais ressenti une telle excitation », s'exclame ce passionné de base-ball, le sport le plus prisé de l'archipel, éclipsé par le football le temps de la Coupe du monde.

Cette métamorphose, le Japon la doit beaucoup à Philippe Troussier. Le Français guide la sélection depuis quatre ans, véritable chef d'une jeune armée affidée. Étrange destin qui a conduit cet ancien joueur et entraîneur du Red Star vers l'Asie après avoir dirigé quatre sélections africaines, la Côte d'Ivoire, le Nigeria, le Burkina Faso et l'Afrique du Sud lors de la dernière Coupe du monde. Il est devenu le Français le plus connu là-bas, bardé de contrats publicitaires,

Jour de gloire au Japon : Miyamoto, sous son masque, et Matsuda emmènent la sélection dirigée par Philippe Troussier vers son premier succès en Coupe du monde (en haut). Le stade de Yokohama s'illumine tandis que le buteur Inamoto résiste à Titov (ci-dessus). La star reste Nakata (à gauche).

sujet de plusieurs biographies et même héros de mangas. Il a souvent bousculé les traditions locales, choqué parfois, mais sans aller jusqu'à la rupture.

Troussier sait pouvoir compter sur des joueurs disciplinés et dévoués à ses schémas de jeu. Contre la Russie, la délivrance est venue d'Inamoto, le milieu d'Arsenal, l'un des rares expatriés de la sélection : une frappe impeccable après un une-deux rapide dans la surface (51e). En quatre ans, le Français a testé cent cinquante joueurs, en a retenu vingt-trois, très jeunes pour l'essentiel : six d'entre eux seulement ont participé à la première phase finale du Japon en 1998. Il a bâti sa sélection comme un véritable commando. Après l'exploit contre la Russie, le groupe s'est renfermé dans sa retraite d'Iwata, à deux heures de Tokyo. Un complexe bâti dans le style traditionnel, où le gong rythme la journée. « Loin de l'agitation, affirme Philippe Troussier, notre seul souci est de savoir à quelle heure sera servi le thé. Mais quand on quitte l'hôtel, là, oui, on va à la guerre ! » Et comme un shogun.

Les matches du jour
Costa Rica-Turquie 1-1 (Groupe C)

Buts : Parks (86e) pour le Costa Rica ; Emre (56e) pour la Turquie.

La Turquie ouvre le score par un but en deux temps d'Emre. Mais le Costa Rica peut remercier Parks et sa frappe en force sous la barre : en arrachant le nul, le petit pays conserve les clefs du passage en huitièmes de finale. À deux minutes de la fin, Parks manque même le but de la qualification.

Mexique-Équateur 2-1 (Groupe G)

Buts : Borgetti (28e), Torrado (57e) pour le Mexique ; Delgado (5e) pour l'Équateur.

Les Condors équatoriens « manquent de caractère », dit leur sélectionneur, Hector Dario Gomez. Un but d'avance – une tête de Delgado – ne leur a pas suffi. Une volée de Borgetti et une frappe sans contrôle de Torrado donnent la victoire au Mexique.

La vie en bleu

L'équipe de France est bien assurée ! Pour éviter tout conflit avec les grands clubs européens qui emploient les Bleus, la fédération a souscrit une assurance auprès d'un courtier américain. Si un joueur se blesse au point de mettre un terme à sa carrière, son club reçoit le montant d'une estimation établie en début de saison. À cette échelle, Zidane vaut 75 millions d'euros.

Costa Rica-Turquie : le buteur Emre dans les bras de Davala ; Belozoglu plie sous le tacle de Solis ; Hakan Sükür est mis au sol (ci-dessus de haut en bas), comme Umit Davala (en haut). Deuxième victoire pour le Mexique face à l'Équateur : Vidrio face à Kavedies ; pas de deux entre Torrado et Guerron ; la lutte de Chala et Arellano ; duel entre le buteur Borgetti et le capitaine Hurtado (à droite de haut en bas).

Lundi 10 juin
Portugal-Pologne 4-0 (Groupe D)

PAULETA, BUTEUR-NÉ

C'était jour de fête nationale au Portugal, mais Pauleta n'a pas besoin de ces rendez-vous avec le destin. « Je suis content pour ceux qui ont cru en moi. Mais ce qui compte, c'est que le Portugal marque des buts », explique le Bordelais avec sa réserve habituelle. Un triplé en Coupe du monde, l'exploit n'est pourtant pas fréquent : c'est le deuxième seulement de ce Mondial 2002 après celui de l'Allemand Klose contre l'Arabie saoudite. Mais Pauleta n'exulte jamais. « C'est vrai que ce n'est pas chose facile. Et, comme tout le monde, je rêve de devenir meilleur buteur de la Coupe du monde... », ajoute-t-il après l'écrasante victoire contre la Pologne (4-0), qui s'en trouve éliminée.

Meilleur buteur du Championnat de France 2002 (avec Djibril Cissé), l'oiseau des Açores – il y est né et le rappelle à chaque but en secouant les bras – relance son pays dans la course aux huitièmes de finale. Le festival commence à la quatorzième minute par un geste « pauletien » : sur une transversale de Joao Pinto, il contrôle de la cuisse, élimine son défenseur d'une feinte de frappe et enchaîne un tir puissant du droit. Les deux suivants sont de facture plus classique : de près, sur un centre de Figo (65e), puis en force du gauche (77e). Il laissera à Rui Costa le bonheur de clore le score (87e).

Moins en vue lors du premier match contre les États-Unis, Pauleta a inscrit désormais la moitié du

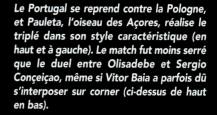

Le Portugal se reprend contre la Pologne, et Pauleta, l'oiseau des Açores, réalise le triplé dans son style caractéristique (en haut et à gauche). Le match fut moins serré que le duel entre Olisadebe et Sergio Conçeiçao, même si Vitor Baia a parfois dû s'interposer sur corner (ci-dessus de haut en bas).

total des buts portugais. À Bordeaux, en moins de deux saisons, il culmine à 65 %, un pourcentage record dans l'histoire du championnat, qui renvoie à des joueurs mythiques tels que Fontaine, Skoblar ou Bianchi. Une efficacité rare dans le football moderne, aperçue dès son premier match en D1, quand il inscrit un triplé à Nantes. Recruté par Bordeaux alors qu'il évoluait au Deportivo La Corogne, Pauleta a une trajectoire de carrière prudente. Il a connu sa première sélection en 1997, à vingt-quatre ans, mais ne s'est imposé en sélection qu'après l'Euro 2000, qu'il a disputé comme remplaçant. Le Girondin a ensuite éclipsé Nuno Gomes et brillé à l'occasion du parcours éliminatoire sans fautes des Portugais (sept victoires et trois nuls). Son modèle s'appelle Marco Van Basten. Réalisme et élégance.

Les matches du jour

Corée du Sud-États-Unis 1-1 (Groupe D)

Buts : Ahn Jung-hwan (78e) pour la Corée du Sud ; Mathis (24e) pour les États-Unis.

Dans un match sous haute sécurité, le terrain a livré une nouvelle prestation épatante des Coréens. Après un premier but de Mathis, sur un beau mouvement américain, ils égalisent tardivement sur une tête d'Ahn Jung-hwan, manquant nombre d'occasions de gagner. Leur seul gros défaut semble bien le réalisme offensif.

Tunisie-Belgique 1-1 (Groupe H)

Buts : Bouzaïène (17e) pour la Tunisie ; Wilmots (13e) pour la Belgique.

Dans une terne rencontre, le résultat était scellé en un quart d'heure. Wilmots ouvre la marque de près. Élu homme du match, Bouzaïène égalise pour la Tunisie sur un merveilleux coup franc. La Belgique concède son cinquième nul consécutif en phase finale depuis le Mondial 1998. C'est un record !

La vie en bleu

À qui la faute ? À la veille du match crucial contre le Danemark, un sondage Louis Harris-RMC Info livre les raisons d'un échec, selon l'opinion des Français. Magnanimes, 36 % estiment que le manque de chance des Bleus reste la principale explication. Suivent la fraîcheur physique (27 %) et l'envie de gagner (21 %). Seulement 10 % des sondés mettent en cause Roger Lemerre.

Corée du Sud-États-Unis : Hwang Sun-hong devant Claudio Reyna ; double duel de l'Américain McBride face à Yoo Sang-chul et Lee Eul-yong (ci-dessus de haut en bas). Une autre lutte : Lewis contre Song (en haut). Tunisie-Belgique : Bouzaïène tacle Mbo Mpenza ; Van der Heyden plus rapide que Ghodhbane ; tous les Tunisiens derrière le buteur Bouzaïène (à droite de haut en bas).

Mardi 11 juin
Danemark-France 2-0 (Groupe A)
LE FIASCO DES BLEUS

Deux images, deux symboles. Marcel Desailly, le capitaine, les yeux au ciel dans une incantation rageuse. Dans son ombre, qu'écrase le soleil d'Incheon, marche Zinedine Zidane, le stratège rédempteur, tête baissée, qui sait qu'il n'y a plus rien à comprendre. La France vient d'être battue par le Danemark, tout est terminé. Aucun champion du monde en titre n'avait été sorti dès le premier tour du Mondial suivant, à l'exception du Brésil en 1966. Encore la Seleção avait-elle gagné un match, avait-elle marqué des buts. Les Bleus repartent avec deux défaites et un match nul, aucun but inscrit. C'est le pire bilan d'une équipe de France en onze phases finales de Coupe du monde ! C'est invraisemblable et pourtant bien vrai.

Premier témoignage des errances de Roger Lemerre, il reconduit dans l'urgence l'axe Thuram-Desailly, qu'il a obstinément refusé depuis deux ans. Pendant vingt minutes, ses joueurs font croire que tout est encore possible. Il faut gagner 2-0 et David Trezeguet obtient la première occasion du match : un contrôle, un crochet, une frappe écrasée. Pourquoi a-t-il oublié Sylvain Wiltord seul dans l'axe ? Un peu plus tard, après une relance confuse de la défense française, Rommedahl ouvre le score d'un extérieur dans le petit filet (22e). Au même instant de la deuxième mi-temps, Tomasson devance Desailly, à terre, et trompe de près Barthez (67e). On y est, 2-0, dans un sens pas

Zidane et Desailly ne savent plus comment faire (à droite). Wiltord se démène dans la surface en vain (en haut). Cuisse bandée, Zidane s'écroule et Trezeguet s'essaie à un ciseau sans résultat (à gauche). Vieira ne parvient pas à semer le teigneux Töfting ; les Danois se congratulent après le but de Rommedahl (ci-dessus).

si inattendu. Malgré une tête de Desailly et une volée de Trezeguet sur les montants, l'impuissance des Bleus a semblé sans fond : on relève leur premier corner à la quarante-neuvième minute.

C'est un trou noir de trois matches que l'équipe de France a vécu. « On nous a fait croire qu'on était meilleurs que nous ne l'étions. On devait passer tranquillement le deuxième tour. On ne parlait que de finale », analyse Lilian Thuram à chaud, comme une analogie troublante avec l'élection présidentielle. Alors, les Bleus victimes du syndrome Jospin ? Un péché de confiance ou d'orgueil. Au-delà des circonstances telles que la blessure, définitive, de Pires, et celle, temporaire, de Zidane, des raisons profondes justifient l'élimination : la suffisance d'une partie de l'équipe, la starisation des Bleus qui éloigne de la vérité du terrain, l'écroulement physique de plusieurs titulaires, la saturation mentale des cadres, l'aveuglement dans un système de jeu épuisé, la perte de contrôle de Roger Lemerre sur le groupe, l'absence de leaders après les retraits de Didier Deschamps et Laurent Blanc…

« La déception est à la hauteur de la joie énorme de 1998 », témoigne Vincent Candela, devenu un titulaire, mais qui ne chantera plus *I Will Survive*, l'hymne fétiche qu'il avait lancé il y a quatre ans. Définitivement, les souvenirs de ces instants-là entrent dans les livres d'histoire que l'on consulte pour mémoire. Une époque s'achève sur une impression amère. Comme si la Coupe du monde n'avait jamais commencé. Elle est déjà finie.

Marcel Desailly a réussi son match face à Tomasson (en haut). Zidane, l'homme du match, Cissé déborde Henriksen (à gauche). Thuram à la lutte avec Tomasson, comme Makelele devant Töfting.

LES MATCHES DU JOUR

SÉNÉGAL-URUGUAY 3-3 (GROUPE A)

Buts : Fadiga (20e sp), Bouba Diop (26e, 37e) pour le Sénégal ; Morales (46e), Forlan (69e), Recoba (89e sp) pour l'Uruguay.

Quel suspense ! Le Sénégal mène 3-0 à la mi-temps : un penalty de Fadiga après une simulation de Diouf, un plat du pied de Bouba Diop qui récidive du gauche. Et l'Uruguay revient : Morales de près, un extérieur de Forlan et un penalty justifié de Recoba. Il faut encore un but à la Celeste pour se qualifier, et le maladroit Morales le manque dans le temps additionnel.

CAMEROUN-ALLEMAGNE 0-2 (GROUPE E)

Buts : Bode (51e), Klose (79e).

Un match pour le *Livre des records* : l'excellent arbitre espagnol Lopez Nieto inflige seize avertissements et deux cartons rouges ! Dans le jeu, on note un but de Bode sur un brillant décalage de Klose, qui marquera son cinquième but, toujours de la tête. L'Allemagne passe en huitièmes.

ARABIE SAOUDITE-EIRE 0-3 (GROUPE E)

Buts : Keane (7e), Breen (62e), Duff (89e).

L'Eire assure la deuxième place du groupe dès l'entame du match sur une puissante reprise de volée de Robbie Keane. Breen double du droit et Duff ferme le score après une grosse faute de main d'Al Deayea, qui aura encaissé douze buts en trois matches.

LA VIE EN BLEU

De tous bords, les réactions politiques tombent, aussi promptes dans la défaite. « Ne pas brûler ce qu'on a adoré », dit Nicolas Sarkozy. « Aimer cette équipe autant qu'avant », reprend Bertrand Delanoë. Jacques Chirac compatit : « La réussite n'était pas au rendez-vous, mais rien ne fera oublier la formidable aventure que vous avez fait vivre à notre pays », déclare le premier supporter des Bleus il y a quatre ans.

Ballet haut entre Jancker et Foe ; duo « amoureux » de Kahn et Song ; pas de deux entre Mboma et Ramelow (ci-dessus). Eire-Arabie saoudite : duel Holland-Al Temyat ; Kilbane contrôle le ballon et Robbie Keane, le premier buteur du match, exulte (à droite).

Mercredi 12 juin
Suède-Argentine 1-1 (Groupe F)

L'ARGENTINE HUMILIÉE

« Je me demande jusqu'où iront nos malheurs… » Ces mots-là, tous les Argentins peuvent les prononcer, les joueurs en détresse sur la pelouse de Miyagi, la population de Buenos Aires et d'ailleurs accablée par la crise et maintenant l'élimination de son équipe. Les coéquipiers de Gabriel Batistuta, en larmes pour son dernier match en sélection, n'ont pas pu battre la Suède et terminent troisièmes du groupe F. Ils ont semblé aussi impuissants que les Français la veille, c'est en tout cas un autre favori qui tombe.

Comme les Bleus, les Argentins n'ont pas su dépasser un système tactique rabâché et bien connu. Ils ont buté désespérément sur des défenses regroupées et, après l'Angleterre, la Suède a contenu le jeu placé conduit par le duo Ortega-Aimar. Les Scandinaves ouvrent même le score sur un coup franc lointain de Svensson (59e) et se contentent ensuite de boucher les espaces, d'empêcher les offensives rébarbatives de l'Argentine. La *selección* égalisera en fin de rencontre sur un but non valable : Ortega voit son penalty repoussé par Hedman, mais Crespo, entré dans la surface bien avant la frappe, reprend victorieusement (88e).

Il faut remonter à 1962 pour retrouver une élimination au premier tour de l'Argentine, double championne du monde, valeur référence du football international, pays d'immigrants dont près de six cents joueurs professionnels évoluent à l'étranger, un chiffre

Deuxième coup d'éclat du Mondial, les Argentins sont éliminés : le sélectionneur Marcelo Bielsa et l'attaquant Claudio Lopez ne veulent pas le croire (en haut). Almeyda est titularisé, Batistuta semble bousculé par Jakobsson (à gauche). Le lutin Aimar s'est démené en vain, mais c'est le Suédois Svensson qui a marqué (ci-dessus).

ahurissant seulement surpassé par le Brésil. Dans la sélection, ils sont vingt et un sur vingt-trois à évoluer en Italie ou en Espagne essentiellement, mercenaires millionnaires à l'abri de la crise. « C'est le pire moment de ma carrière », assure pourtant Juan Sebastian Veron, le milieu de Manchester United, passé à côté de son Mondial, remplaçant seulement face à la Suède.

Gabriel Batistuta semble aussi sincère dans sa désolation. « Nous avions autant d'espoirs que ceux mis en nous par la population, affirme le meilleur buteur de tous les temps de la sélection. Nous les sentions dans nos cœurs. Nous ne pouvions malheureusement pas éteindre la dette du pays, mais lui redonner de l'espoir. » Sans confiance pour leurs hommes politiques, les Argentins avaient placé toute leur foi dans des joueurs populaires et leur entraîneur Marcelo Bielsa, homme intègre et obstiné. Tout s'effondre et, dans les conversations de la rue, revient l'angoisse d'un quotidien misérable.

Pourtant lointain, le coup franc de Svensson retombe dans le petit filet du gardien Cavallero (en haut). Allback à la lutte avec Samuel (ci-dessus). La tristesse des Argentins est infinie : la détresse de Crespo et Claudio Lopez (à droite).

Les matches du jour

Slovénie-Paraguay 1-3 (Groupe B)

Buts : Acimovic (45e) pour la Slovénie ; Cuevas (66e, 84e), Campos (73e) pour le Paraguay.

Quel retournement ! Mené 1-0 sur une erreur de Chilavert, le Paraguay, réduit à dix, se trouve alors très loin de la qualification. Cuevas égalise du gauche, puis Campos donne l'avantage. Ce n'est pas suffisant : un dernier but de Cuevas, après un raid solitaire, fait passer le Paraguay à la meilleure attaque.

Afrique du Sud-Espagne 2-3 (Groupe B)

Buts : McCarthy (32e), Radebe (53e) pour l'Afrique du Sud ; Raul (4e, 56e), Mendieta (45e) pour l'Espagne.

Avec huit joueurs nouveaux, l'Espagne, déjà qualifiée, a joué le jeu jusqu'au bout. Elle ouvre la marque par Raul sur une faute du gardien Arendse et mènera toujours au score, grâce à Mendieta sur coup franc et Raul encore de la tête. En égalisant deux fois, l'Afrique du Sud a entretenu en vain l'espoir d'une qualification.

Nigeria-Angleterre 0-0 (Groupe F)

Dans un match insipide, les Anglais obtiennent le point nécessaire à leur qualification. À noter, une frappe sur le poteau de Scholes. Déjà éliminé, le Nigeria sauve son honneur avec ce point. Okocha, West, Finidi annoncent leur retraite.

La vie en bleu

Vol AF 267 pour Paris. Tôt le matin, les Bleus montent une dernière fois dans leur bus, direction l'aéroport de Séoul. Onze heures de vol plus tard, c'est une arrivée dans la confusion qui les attend à Roissy. Devant un millier de supporters, venus surtout les consoler, les joueurs s'échappent dans le désordre. Quelques autographes, de rares mots, et la dispersion générale…

Le Nigeria d'Okoronkwo a sauvé son honneur en obtenant le match nul face à l'Angleterre de Michael Owen (à gauche). Les adieux de Jay-Jay Okocha entre Paul Scholes et Nicky Butt ; le Sud-Africain Zuma est stoppé par l'Espagnol Mendieta qui marquera le deuxième but espagnol (ci-dessus de haut en bas).

L'Italie possède une phalange offensive de classe mondiale avec Vieri (Inter), Del Piero (Juventus) et Montella (AS Rome) (en haut). Titulaire contre le Mexique, Filippo Inzaghi (Milan AC) tente d'échapper à Carmona (à droite) et est taclé durement par Marquez. L'Italie a dû beaucoup défendre dans ce match, notamment Maldini qui tacle Luna (ci-dessus).

Jeudi 13 juin
MEXIQUE-ITALIE 1-1 (GROUPE G)

DEL PIERO, LE MIRACLE ITALIEN

Un doigt posé sur la bouche, les yeux levés vers le ciel, on ne sait pas si Alessandro Del Piero parle à Dieu ou à son entraîneur Giovanni Trapattoni ! On ne sait pas si le miracle qu'il vient d'incarner est celui de son but, une revanche personnelle, ou bien celui de la qualification de son équipe. En arrachant le nul à cinq minutes de la fin du match, l'Italie assure la deuxième place du groupe G, qui l'envoie en huitièmes de finale. Avec 4 points seulement, la Squadra Azzurra réalise un premier tour aussi rébarbatif qu'en 1982 – elle totalise alors 3 points – ou qu'en 1994, quand elle se qualifie au titre de meilleure troisième. Rappel : l'Italie remportera la Coupe du monde en 1982, terminera finaliste en 1994…

Ces bonheurs annoncés dans la douleur, Del Piero veut bien les faire siens. Considéré comme le quatrième attaquant seulement d'un effectif très riche dans ce secteur, le Turinois a d'abord regardé le match du banc, ainsi qu'il l'avait fait face à l'Équateur et à la Croatie. Contre le Mexique, belle révélation de ce premier tour, invaincu et séduisant, Trapattoni titularise un trident offensif Totti-Inzaghi-Vieri, qui marque déjà une évolution par rapport aux deux premières rencontres : le sélectionneur italien renonce à son très prudent système en 4-4-1-1. Le Mexique semble s'en accommoder, qui ouvre le score à sa première occasion : sur un centre de Blanco, Borgetti

expédie une tête retournée magistrale dans le but de Buffon (34e).

Entré en jeu à la soixante-dix-huitième minute, Del Piero va concrétiser les nombreuses occasions de son équipe en reprenant un centre en aveugle de Montella, un autre remplaçant, d'une habile tête décroisée (85e), lui le petit lutin de 1,73 m. « Marquer dans un moment aussi délicat compense toutes les déceptions récentes », confie-t-il à la sortie des vestiaires. Vedette adulée de toute l'Italie, star célébrée en Asie à la manière d'un Beckham ou d'un Ronaldo, le Juventino prend aussi une revanche sur des déceptions plus anciennes. Blessé à l'Euro 1996, effacé lors de la Coupe du monde 1998, inconsolable de la finale perdue à l'Euro 2000, Del Piero espère maintenant que ce tournoi-là va lui offrir la providence, même tombée du ciel…

Souvent malmenée par les Mexicains, tout à sa joie après le but de Borgetti (ci-dessus), l'équipe de Giovanni Trapattoni a bataillé, à l'image de Zanetti face à Luna (en haut). L'artiste Francesco Totti a eu du mal à se défaire du marquage serré d'Alberto Aspe Garcia (à gauche).

Les matches du jour

Costa Rica-Brésil 2-5 (Groupe C)

Buts : Wanchope (40e), Gomez (56e) pour le Costa Rica ; Ronaldo (10e, 13e), Edmilson (38e), Rivaldo (62e), Junior (64e) pour le Brésil.

Nouvelle démonstration de force du Brésil, qui dégaine cinq buts et élimine le Costa Rica. Ronaldo fait le doublé, avec la complicité d'un défenseur costaricain d'abord, puis en solitaire. Suivent Edmilson d'un ciseau, Rivaldo de près, Junior en force. En marquant deux fois, par Wanchope sur une passe de Wright et par Gomez d'une tête plongeante, le Costa Rica souligne aussi les faiblesses défensives de la Seleção.

Turquie-Chine 3-0 (Groupe C)

Buts : Hasan Sas (6e), Bulent (9e), Umit Davala (84e).

La Turquie obtient la première qualification de son histoire pour les huitièmes de finale, au bénéfice d'une meilleure différence de buts. Hasan Sas d'un tir puissant, Bulent de la tête, puis Umit Davala en fin de match soldent le Mondial des Chinois, qui n'auront pas marqué un seul but.

Équateur-Croatie 1-0 (Groupe G)

But : Mendez (48e).

Les Croates ne profitent pas de la contre-performance des Italiens. Pire, ils s'inclinent devant l'Équateur, qui obtient là sa première victoire en Coupe du monde. À la réception d'un centre de De La Cruz, Delgado remet de la tête pour Mendez qui trompe Pletikosa d'une demi-volée. Demi-finaliste en 1998, la Croatie sort piteusement de la compétition, malgré un coup d'éclat contre l'Italie.

La vie en bleu

Alors que le portrait de Zidane est décollé de la façade du siège de TF1, les maillots se vendent mal aux enchères. À l'hôtel Drouot, à Paris, la tunique n° 10 des Bleus (du victorieux Angleterre-France de février 1999) est adjugée 2 500 euros. Elle était estimée entre 3 000 et 3 800 euros.

Formidable potentiel offensif des Brésiliens : Ronaldo double buteur, le jeune joueur de São Paulo Kaka, entré à la place de Rivaldo (ci-dessus de haut en bas). Ronaldo et Kaka encore (en haut). En défense, c'est moins sûr avec Edmilson au contact du buteur costaricain Gomez. Basturk guide la Turquie à la victoire devant la Chine. Malgré les efforts de Boksic, la Croatie sort (à droite de haut en bas).

Vendredi 14 juin
Pologne-États-Unis 3-1 (Groupe D)

LA DÉFAITE HEUREUSE DE L'AMÉRIQUE

Elles sont rares, les rencontres dont l'issue fait plaisir à tous. En battant les États-Unis, la Pologne quitte la Coupe du monde dans l'honneur après deux premiers matches ratés. Malgré la défaite, les Américains préservent la deuxième place du groupe D qualificative pour les huitièmes de finale, à la faveur du résultat de Portugal-Corée du Sud. Au comble de cette communion paradoxale, le public coréen de Daejon exulte : « *Polska, Polska* », ont-ils hurlé une bonne partie de la rencontre, avant d'apprendre le but libérateur de leurs Diables rouges à Inchon. Les chœurs ont alors entonné *Ho Piséné Koria*, « victoire pour la Corée », dans un stade en ébullition, où tous les supporters se donnaient l'accolade !

Les États-Unis sont donc les surprenants gagnants de la soirée. Ils vont disputer un nouveau huitième de finale, après celui de 1994, alors qu'ils organisaient la compétition. Si l'on excepte la demi-finale de 1930, à la préhistoire du football, cela représente leur meilleure performance en sept participations. Et pourtant, de New York à Los Angeles, le pays accueille l'événement avec indifférence. Pas le moindre message de félicitations officielles de la part de George W. Bush, que l'on sait surtout amateur de base-ball. Pendant que les gars de Bruce Arena suent en Asie, le public américain se mobilise pour les finales de NBA (basket-

La Pologne surprend les États-Unis dès les premières minutes : Olisadebe ouvre le score entre O'Brien et Sanneh (en haut). Le match a été marqué par de nombreux duels, de la tête entre Glowacki et Mathis (à gauche) ou au pied entre Reyna et Kryznowek (ci-dessus). Malgré la défaite, les Américains, tels Cobbie Jones et Frankie Hejduk (à gauche), sont ravis : ils sont qualifiés.

Grand homme du match, l'attaquant d'origine nigériane Emmanuel Olisadebe se bat contre Jeff Agoos (en haut). Il n'hésite pas à poursuivre le capitaine Claudio Reyna (ci-dessus) et à se mesurer à Frankie Hejduk (à droite). Le même Frankie Hejduk passe entre Cezary Kucharski et Maciej Murawski.

ball) et de NHL (hockey sur glace), le combat de boxe Tyson-Lewis ou encore l'US Open de golf. Les télévisions relèguent les images de la Coupe du monde en fin de programme. Seules les chaînes hispaniques privilégient le foot, encore s'intéressent-elles davantage au Mexique ou au Brésil…

Dans ce contexte peu motivant, on comprend que les joueurs américains aient eu des absences dès l'entame de leur match contre la Pologne, qui se présente avec seulement cinq titulaires habituels. Une frappe sous la barre d'Olisadebe (3e), puis une reprise au premier poteau de Krzyszalowicz (5e), et c'est déjà 2-0. Une tête sur corner de Zewlakow alourdit le score (66e), avant que Donovan ne le réduise d'une volée près du but (83e). « Être menés 2-0 après cinq minutes de jeu face à une telle équipe rendait la partie difficile, justifie le sélectionneur des États-Unis Bruce Arena. Mais je félicite les joueurs de ne pas avoir abandonné. Au final, nous sommes qualifiés ! » Comme un renversant happy end, de quoi peut-être séduire enfin le peuple d'Amérique…

Les matches du jour

Portugal-Corée du Sud 0-1 (Groupe D)
But : Park Ji-sung (70e).

Outsider, le Portugal est éliminé sans honneur. Incapables de contenir la fougue coréenne, les joueurs d'Oliveira pourrissent le match. Joao Pinto est expulsé pour un tacle dangereux et bouscule scandaleusement l'arbitre. Puis Beto reçoit un deuxième carton jaune pour jeu dur. À neuf, ils encaissent un but de Park Ji-sung sur un superbe enchaînement : amorti, dribble aérien et frappe.

Tunisie-Japon 0-2 (Groupe H)
Buts : Morishima (48e), H. Nakata (75e).

Nouveau jour de gloire pour le Japon, qui remporte sa deuxième victoire grâce au coaching de Philippe Troussier. Tout juste entré en jeu, Morishima marque d'une frappe croisée, avant que la star Nakata ne double le score d'une tête. Le pays coorganisateur termine en tête du groupe H.

Belgique-Russie 3-2 (Groupe H)
Buts : Walem (7e), Sonck (78e), Wilmots (82e) pour la Belgique ; Bestchastnykh (52e), Sychov (89e) pour la Russie.

Suspense jusqu'au bout pour la qualification : d'une frappe à 20 mètres, Walem envoie la Belgique en huitièmes, mais Bestchastnykh sur la ligne redonne la main aux Russes. La rencontre bascule de nouveau à la soixante-dix-huitième minute, grâce à la tête de Sonck sur corner. Wilmots assure ensuite, même si Sychov, en duel avec le gardien, redonne un espoir vain à ses coéquipiers.

La vie en bleu

Réunion de crise au siège de la Fédération française de football. Après deux heures de discussion, le président Claude Simonet annonce que « Roger Lemerre n'a pas proposé sa démission ». Il reste donc en place, au moins pour quelques semaines… de vacances et de réflexion. Un délai de latence en fait : dans les coulisses, les dirigeants s'activent à chercher un successeur.

Le Portugal en déroute : Figo à terre (à gauche). Petit incrédule; Figo tente de s'infiltrer; Joao Pinto tombe (ci-dessus de haut en bas). Le Russe Titov n'échappera pas à Van Kerckhoven et Vanderhaege; Karpin en tenaille; le spectaculaire ciseau du Tunisien Trabelsi; le coup franc de Nakata (à droite de haut en bas).

HUITIÈMES DE FINALE

Jamais, en soixante-douze ans d'existence, la Coupe du monde n'avait provoqué tant de surprises. Bardés de certitudes au premier tour, la France, l'Argentine, le Portugal, le Cameroun, double champion d'Afrique, sont éliminés. En tête de leurs groupes sont sortis le Danemark, la Suède, la Corée du Sud, le Japon... Cette globalisation du football rejaillit sur la composition des huitièmes de finale : l'Europe domine toujours largement avec neuf équipes qualifiées, l'Amérique du Sud recule de quatre à deux représentants, l'Afrique stagne, avec le merveilleux Sénégal, certes, tandis que l'Asie place deux nations à ce stade pour la première fois de l'histoire. Renversant tournoi, et ce n'est pas fini...

Nous sommes tous Sénégalais ! Après le but en or de Camara, la folle sarabande des Lions de la Teranga, menée au premier plan par la star El-Hadji Diouf, le grand frère Amara Traoré et le remplaçant Souleymane Camara.

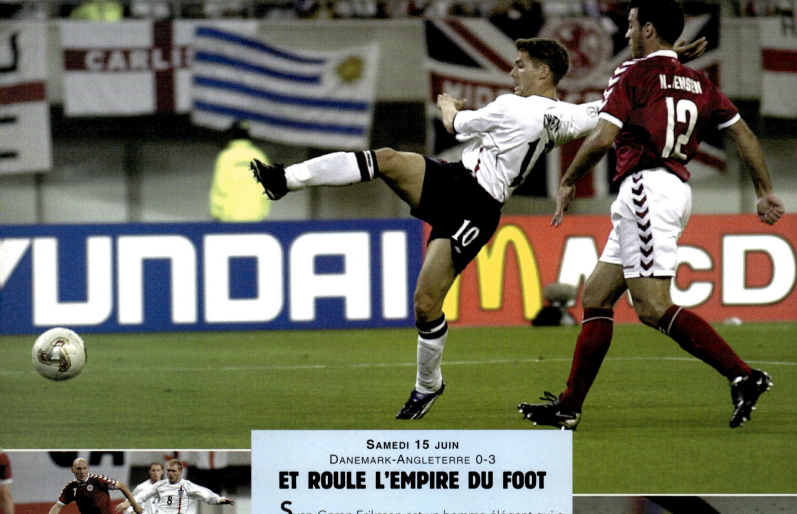

Samedi 15 juin
Danemark-Angleterre 0-3
ET ROULE L'EMPIRE DU FOOT

Sven-Goran Eriksson est un homme élégant qui a décidé d'apprendre aux Anglais le football et le fair-play ! « Nous méritons de l'emporter, mais pas sur ce score, nous avons eu de la chance », ainsi commente-t-il le triomphe de l'Angleterre face au Danemark, en trois buts réglés dès la première mi-temps. Pauvres Danois, rincés par les premières pluies de mousson, moins hermétiques qu'à l'accoutumée, face aux Bleus par exemple. Une faute de Laursen provoque un premier corner fatal, frappé par Beckham, repris par Ferdinand, cafouillé par le gardien Sorensen qui renvoie le ballon dans son but (5e). « Pourtant, c'était une tête de merde », jure le défenseur de Leeds.

Diminué physiquement, Michael Owen inscrit son premier but du tournoi sur un centre de Trevor Sinclair relayé par Nicky Butt (22e). Nouvelle faute de la défense danoise sur le troisième but : Jensen perd la balle au profit de Beckham, dont la passe décisive est reprise plein centre par Heskey (44e). « En faisant de telles bêtises, on ne peut pas gagner contre des Anglais », marmonne la tondeuse Stig Töfting. Dur au mal, l'Anglais est difficile à battre, c'est le principal apport d'Eriksson depuis son arrivée à la tête de la sélection en février 2001. Le technicien suédois a donné une couleur plus continentale à un jeu britannique déjà transformé en clubs par l'apport d'entraîneurs étrangers, notamment français avec Arsène Wenger à Arsenal et Gérard Houllier à Liverpool.

Ici devant Jensen, Owen marque le deuxième but anglais (en haut). Trois duels dans le match : Scholes contre Gravesen, Cole contre Rommedahl, Sinclair contre Gronkjaer (à gauche de haut en bas) sous l'œil de l'entraîneur suédois de l'Angleterre Sven-Goran Eriksson (ci-dessus).

C'est d'ailleurs autour de ces deux formations que s'est bâtie la sélection anglaise, en y ajoutant Manchester United. Dans l'équipe type, la défense est essentiellement constituée de Gunners (Seaman, Campbell, Cole), le milieu de terrain appartient à MU (Butt, Scholes, Beckham), l'attaque copie le duo des Reds (Owen, Heskey). La base défensive détermine le jeu de l'équipe, qui alterne relance en jeu court et balles longues à l'ancienne. Sans meneur de jeu, le 4-4-2 occupe toute la largeur du terrain, Beckham restant cantonné dans son rôle habituel de milieu droit.

Contre le Danemark, dans cette configuration attentiste (seulement 33 % de possession de balle) mais réaliste, l'Angleterre a marqué son premier but hors coups de pied arrêtés. Un déficit de jeu qui semble sa force dans ce Mondial et maintient en tout cas sa fraîcheur physique. Sven-Goran Eriksson a réussi à faire de l'Angleterre un prétendant à la victoire finale, une hypothèse hautement spéculative quelques mois plus tôt, après de piètres performances en qualifications.

Allemagne-Paraguay 1-0
UN COUP DE PATTE SUFFIT

Sans doute le huitième de finale le plus soporifique : l'Allemagne et le Paraguay ne s'étaient encore jamais rencontrés, mieux vaut l'éviter à l'avenir. Face à des Paraguayens dont les forces phyiques déclinent à mesure que le match avance, ratatinés en défense et privés sur blessure de leur seul atout de talent, Roque Santa Cruz, les Allemands attendent en vieux roublards l'issue du combat. Dans une fin de match livrée à une terne attaque-défense sur le but de Chilavert, Schneider file sur l'aile droite et centre au premier poteau ; l'attaquant du Bayer Leverkusen Neuville reprend en demi-volée près du poteau (88e). L'Allemagne va participer à son treizième quart de finale de Coupe du monde. « On peut viser la finale », avance Oliver Kahn, le gardien du Bayern. Ce ne serait que la septième…

En bon capitaine, David Beckham fait sa part de travail, Sol Campbell en duel aérien avec Ebbe Sand (ci-dessus de haut en bas). L'Allemagne obtient une qualification étriquée : la joie de Baumann, Marco Bode et Sebastian Kehl, Jose Luis Chilavert a tout tenté, Bernd Schneider à la lutte avec Guido Alvarenga, Miroslav Klose bousculé dans le dos par Miguel Caceres (à droite de haut en bas).

Dimanche 16 juin
SUÈDE-SÉNÉGAL 1-2 AP

AU BONHEUR DES LIONS

Teranga ! « Hospitalité » en langage wolof, ces Lions-là disent au monde entier leur sens du bonheur, de la dérision aussi. Ils ne sont pas indomptables comme les Camerounais, pas plus prédateurs comme les Super Eagles du Nigeria, hommes de conquête et de guerre. Les Sénégalais sont de la Teranga, au sens où ils aiment partager les jours heureux de la vie. Leur hospitalité va même jusqu'à leurs adversaires, qu'ils attirent dans un piège maléfique. Allongés sur la pelouse, maillot relevé sur le visage, les Suédois ne veulent pas voir la tête de leurs vainqueurs. Henri Camara vient de marquer le but en or, le premier de cette Coupe du monde, il est fêté tout au long du terrain par une bande de frères survoltés. Étrangement, El-Hadji Diouf semble préoccupé : la star péroxydée ne sait pas que le règlement met un terme au match !

« On a montré encore une fois qu'on est une bande de copains qui veulent aller au bout, même si on est toujours la petite équipe du Sénégal », reprend Diouf, sûr maintenant que la rencontre est terminée, que son équipe est qualifiée pour les quarts de finale. Dans une rencontre d'abord tendue, la Suède ouvre le score sur corner, repris de la tête par Larsson (11e). Giflés, les coéquipiers d'Alliou Cissé livrent alors ce jeu de combat mâtiné de légèreté qui fait leur style. L'égalisation est une merveille : Henri Camara raccroche une remise de Diouf, amortit de la poitrine,

El-Hadji Diouf n'en revient pas, l'équipe du Sénégal est qualifié pour les quarts de finale (en haut), comme l'avait été le Cameroun en 1990. En bon capitaine, Alliou Cissé a colmaté les brèches du milieu de terrain (ci-dessus), tandis que le Sedanais Henri Camara, l'homme du match, réalisait un extraordinaire doublé en solitaire (à droite).

crochète deux défenseurs et lâche une frappe croisée imparable (37e).

Quelle aventure mènent ces hommes-là, apôtres de la victoire nonchalante ! Quelques jours avant leur nouvel exploit, ils se sont installés dans un hôtel d'Oita, dans le sud du Japon, celui-là même que l'équipe de France avait réservé… Leur mode de préparation diffère un peu : sans huis clos ni gardes du corps, les SENEF accueillent au bar des amis pour de longues nuits de palabres. « Vous savez pourquoi nous sommes si forts ? demandent-ils souvent. Parce que nous rigolons ! Nous rions tout le temps. C'est la seule pression que nous connaissons. »

Au bout d'un long match au soleil écrasant de l'après-midi, Henri Camara rit à pleine gorge. Il reste six minutes à jouer dans les prolongations, Svensson vient d'envelopper une frappe sèche sur le poteau, qui manque de donner la victoire à la Suède. Figé par les crampes, Pape Thiaw, l'un des trois Sénégalais à ne pas évoluer dans un club français, trouve la force d'une talonnade pour l'attaquant de Sedan, qui se lance dans une cavalcade frénétique. Frappe écrasée à 20 mètres, le ballon roule, touche le poteau droit suédois. But en or ! Les Lions de la Teranga invitent le monde entier dans leur tanière. Ils sont les plus heureux des hommes.

La Suède ouvre le score sur une tête de Larsson (en haut). Svensson tente le débordement; Diatta saute au-dessus de tous; Henri Camara face au capitaine Mjällby (à gauche de haut en bas). Svensson échappe à Coly et demande un coup franc (ci-dessus de haut en bas).

Espagne-Eire 1-1 (3-2 tab)
MAUDITE IRLANDE

Les Irlandais ont encore la force de faire un dernier tour de ce terrain maudit, qu'ils ont arpenté dans tous ses recoins deux heures durant. Magnifiquement inusables, dignes dans la défaite la plus injuste, ils saluent leurs supporters qui chantent encore. L'Eire est éliminée aux tirs au but, par la maladresse de ses joueurs fatigués autant que par la réussite du gardien espagnol Iker Casillas, qui en stoppe trois. Le portier remplaçant du Real Madrid avait endigué le premier penalty du match, après une heure de jeu. Il ne peut rien la deuxième fois, quand Robbie Keane transforme un ceinturage caricatural de Hierro sur Quinn (90e). La tour de Sunderland (1,93 m) est entrée en deuxième mi-temps, et l'Eire trouve en ce joueur la meilleure parade au jeu fermé des Espagnols, péniblement arc-boutés sur leur petit avantage, apporté par la tête maligne de Morientes (8e). Quinn remise tous les ballons de la tête, à la façon d'un pivot au basket, d'un Shaquille O'Neal dans la raquette des Lakers. À cause aussi d'un coaching désastreux de Camacho, qui laisse son Espagne à dix d'avoir utilisé prématurément ses trois remplacements, l'Irlande mène une prolongation homérique mais stérile. Vient la séance des tirs au but… « On ne méritait pas ça, dira le sélectionneur Mick McCarthy, mais le sentiment qui l'emporte, c'est la fierté. »

Raul prie pendant les tirs au but, mais c'est l'Irlandais Quinn qui ira consoler ses supporters (en haut). Luque en position acrobatique ; les Espagnols courent après Mendieta, auteur du tir au but décisif (ci-dessus de haut en bas). Raul en duel avec Kilbane, qui a provoqué le premier penalty, manqué, du match (à droite de haut en bas).

Lundi 17 juin
Mexique-États-Unis 0-2

GOD BLESS AMERICA

George W. Bush découvre le football ! Un coup de fil de Washington dans la nuit, et c'est toute une équipe qui se sent importante. Les États-Unis battent le Mexique dans une sorte de derby à valeur universelle, dont le favori, en matière de football, n'est pas celui qu'on croit. Les Mexicains, sortis premiers de leur poule au premier tour, ont été piégés par le jeu réaliste des Américains, qui marquent dès la huitième minute : sur un centre de Reyna, Wolf remet instantanément en retrait pour McBride qui envoie le ballon dans le petit filet opposé.

La situation devient idéale pour l'équipe de Captain Reyna, qui n'a jamais perdu dans cette Coupe du monde dès lors qu'elle a ouvert le score. Subir pour mieux contrer, tel est son credo. Elle laisse la possession de la balle à l'adversaire (67 % pour le Mexique sur ce match) et compte sur la vitesse de son duo McBride-Donovan pour lancer des attaques rapides. C'est justement le jeune Landon Donovan qui se jette sur un long centre de la gauche et envoie de la tête dans le but mexicain (65e).

La victoire est acquise, mais sans convaincre, sans séduire en tout cas. Aux critiques, le sélectionneur Bruce Arena oppose ses résultats : « Nous avons corrigé les Portugais, l'une des cinq meilleures équipes

Un beau match, des duels, tel celui du capitaine américain Reyna et du Mexicain Hernandez (en haut). Le sélectionneur Bruce Arena semble brandir la bannière étoilée (à gauche). Félicité par McBride, Donovan vient de marquer (ci-dessus).

du monde, tenu en échec la Corée, le pays coorganisateur. Nous venons de battre le Mexique, qui a relégué l'Italie à la deuxième place de son groupe. Je n'appelle plus ça de la chance ! » Dans un curieux paradoxe, les États-Unis viennent s'immiscer dans le seul secteur de la mondialisation qu'ils ne dominent pas. Le pays compte plus de 17 millions de licenciés, dont 46 % de femmes, mais la majorité est surtout composée de pratiquants de loisir. Le soccer professionnel n'y a pas réussi la percée escomptée après le Mondial 1994. Au point que quatorze des vingt-trois internationaux américains évoluent en Europe. C'est peut-être là qu'ils ont appris le réalisme…

Brésil-Belgique 2-0
LES REGRETS DE MARC WILMOTS

« C'est vrai qu'il n'y a pas faute sur mon but, mais c'est le foot », analyse avec dignité le capitaine belge après la défaite. Ancien joueur des Girondins de Bordeaux, Marc Wilmots aurait voulu une autre sortie pour son dernier match international. Son coup de tête gagnant de la trente-sixième minute était parfaitement valable. Plusieurs fois, les Diables entrevoient le paradis d'une qualification devant un Brésil jamais convaincant. Il faut un exploit personnel de Rivaldo pour débloquer la rencontre : sur une passe de Ronaldinho, l'attaquant du Barça amortit de la poitrine, se retourne et marque d'une puissante volée légèrement déviée (67ᵉ). Ronaldo double sur un contre mené par Kleberson d'une frappe entre les jambes de De Vieger (87ᵉ). Les Brésiliens poursuivent leur quête d'une troisième finale de Coupe du monde consécutive.

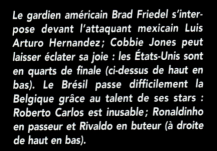

Le gardien américain Brad Friedel s'interpose devant l'attaquant mexicain Luis Arturo Hernandez ; Cobbie Jones peut laisser éclater sa joie : les États-Unis sont en quarts de finale (ci-dessus de haut en bas). Le Brésil passe difficilement la Belgique grâce au talent de ses stars : Roberto Carlos est inusable ; Ronaldinho en passeur et Rivaldo en buteur (à droite de haut en bas).

Mardi 18 juin
Corée du Sud-Italie 2-1 ap

LA CORÉE DE GUUS HIDDINK

Dans les tribunes du stade rouge incandescent de Daejeon, une large banderole flotte au vent de la victoire : « Hiddink président ! » C'est le héros nouveau d'une Corée triomphante. Le président Kim Dae-jung a immédiatement téléphoné à cet homme qui fait chavirer la nation. « Le pays et moi-même sommes très fiers de vous », lui dit-il.

Tellement fiers que les récompenses pleuvent sur ce débonnaire Néerlandais, ancien sélectionneur des Pays-Bas de 1994 à 1998, qui a pris les commandes de l'équipe en décembre 2000. Déclaré citoyen d'honneur pour services rendus au pays, il n'avait pas donné de suite officielle à la proposition de naturalisation qui lui avait déjà été faite après la victoire contre le Portugal. Sur Internet circule déjà une carte d'identité à son effigie ! La compagnie aérienne nationale lui permet l'accès gratuit en première classe jusqu'au prochain Mondial, un bar de Séoul lui offre la bière à vie… Guus Hiddink remercie, un peu amusé : « Ils me veulent comme président, mais je ne suis pas un homme politique. Ma mission est d'être sur un terrain de football, tous les jours. »

Dans la fièvre passionnelle qui secoue le pays, on en oublie que l'ancien entraîneur du FC Valence ou du Real Madrid est d'abord un technicien réputé. Contre l'Italie, il a démontré sa science du coaching. L'Italie mène 1-0 depuis le but de la tête de Vieri, son quatrième du tournoi, sur un corner de Totti (18e). Elle

But en or ! La Corée du Sud triomphe grâce à Ahn Jung-hwan (en haut). C'est la victoire d'une équipe magnifiquement solidaire (page de gauche), de Guus Hiddink (ci-dessus) à tout un pays (en bas à droite). Un match âpre, de duels comme Totti et Jin-cheul Choi ou Panucci et Sang-chul Yoo (à droite de haut en bas).

oppose ensuite un double rideau défensif aussi impénétrable que la ligne de démarcation des deux Corées. Les coéquipiers de Hong-Myung-bo s'enlisent dans un vain combat, tombent dans la maladresse technique. Après une heure de jeu stérile, Hiddink décide de remplacer deux défenseurs et un milieu récupérateur par trois joueurs offensifs. Ce coup de folie, ou de génie, ne peut tenir que sur l'abnégation mentale et l'engagement physique de ses joueurs.

Alors le miracle se produit : sur un dégagement manqué de Panucci, Seol Ki-hyeon trompe Buffon d'une frappe croisée du gauche (88ᵉ). Le stade s'embrase, l'exploit est possible. « J'ai apprécié la capacité de mon équipe à ne jamais lâcher prise, commente Hiddink. C'était quasi héroïque. » Totalement héroïque devient Ahn Jung-hwan, l'homme en or, qui propulse la Corée en quarts de finale d'une tête décroisée (117ᵉ), après avoir manqué un penalty au début du match. L'Italie crie au complot arbitral, réduite à dix après un deuxième carton jaune infligé à Totti pour simulation, après un nouveau but refusé à Tommasi pour un hors-jeu peu évident.

De dépit, le club de Pérouse décide de limoger le héros Ahn Jung-hwan, l'un des deux joueurs coréens évoluant en Europe. Popstar locale, l'attaquant de vingt-six ans est une icône publicitaire. « Je suis épuisé, lâche-t-il. Je n'avais jamais joué de rencontre internationale jusqu'aux prolongations. Je pars me coucher… » D'abord peu apprécié par Guus Hiddink à cause de son dilettantisme, Ahn s'est transformé pour la Coupe du monde. « J'ai été très critique avec lui, très dur même », affirme le sélectionneur, plus coréen que tout un peuple qui veut faire de ce jour homérique le Hiddink Day, comme une fête nationale.

Gattuso vient de manquer un but dans les prolongations : une supportrice italienne est abattue (en haut de gauche à droite). Gattuso a lutté entre Lee Chun-soo et Lee Min-sung, Vieri n'a pas marqué, l'amertume est italienne (à gauche de haut en bas). Zambrotta encore en duel avec Sool (ci-dessus).

Japon-Turquie 0-1
LA FIN D'UNE ÉPOPÉE

Les mots ne sortent plus, l'émotion l'étreint et son masque de chef de guerre tombe. Quelques minutes après l'élimination du Japon, Philippe Troussier remercie ses joueurs des quatre années qu'il vient de passer, cette aventure qui se termine sur une défaite un peu amère contre la Turquie. « Je suis déçu d'avoir perdu dans ces conditions, affirme le sélectionneur français des Nippons. Parce que le but, c'est nous qui leur offrons. » Sur une double erreur de Koji Nakata, les Turcs obtiennent un corner tiré par Ergün. Aux 6 mètres, Umit Davala reprend de la tête et trompe Narazaki (12e). Dès lors, le Japon, sans ressort physique, s'engluera dans la défense adverse, sans se créer d'occasions véritables hors un coup franc sur le poteau de Santos. La défaite attriste le peuple japonais, gorgé des émotions du premier tour, alors que le rival sud-coréen réalise l'exploit face à l'Italie le même jour. Honoré par tout un pays, Philippe Troussier peut quitter son poste avec fierté : « Nous avons offert l'image d'un football enthousiaste, sain et porté vers l'offensive. Tous ces jeunes doivent maintenant poursuivre dans la voie tracée afin de confirmer lors de la prochaine Coupe du monde… »

Le buteur turc Umit Davala a remporté son duel contre la star japonaise Nakata (en haut). Les Japonais quittent leur Coupe du monde dans une digne peine ; Toda se mesure à Bastürk (ci-dessus de haut en bas). Hakan Sükür prend le dessus sur Koji Nakata et Ono ; les Turcs finiront par triompher (à droite de haut en bas).

QUARTS DE FINALE

Dans ce Mondial qui ne respecte plus aucune leçon de l'histoire, les quarts de finale proposent trois invités inédits : la Corée du Sud, pays coorganisateur supermotivé, le Sénégal, trublion superattractif, et la Turquie, révélation superconvaincante. Au jeu des superlatifs manque un jeu superséduisant : l'épuisement gagne quelques-uns des huit qualifiés. La qualité des rencontres tend à diminuer, compensée par l'intérêt exotique de la compétition. Pour la première fois dans l'histoire, cinq confédérations sont représentées au stade des quarts de finale : l'Europe (Allemagne, Angleterre, Espagne, Turquie), l'Afrique (Sénégal), l'Amérique du Nord et l'Amérique centrale (États-Unis), l'Amérique du Sud (Brésil) et l'Asie (Corée du Sud). Un joli tour du monde...

David Beckham est à terre, l'Angleterre chute, éliminée par le Brésil (2-1). La star de Manchester United n'a jamais pu peser sur le jeu asséché de son équipe.

Vendredi 21 juin
Brésil-Angleterre 2-1

LE TRISTE BONHEUR DE RONALDINHO

Il y a des jours qui concentrent tous les sentiments de la vie. Il y a même des instants fulgurants qui vous transportent d'un bonheur exquis à la pire des frustrations. En dix minutes seulement, Ronaldinho est passé de l'état second du passeur-buteur au remords primaire de l'expulsé. Brésil-Angleterre : le quart de finale le plus attendu du Mondial, une affiche, des stars et, plus que cela, le choc de deux cultures qui font l'histoire séculaire du football. Au bout du compte, un match terne, verrouillé, peu inspiré, sinon par le génie du prodige de Porto Alegre.

Premier acte : le Brésil est mené sur un but de Michael Owen consécutif à une grossière erreur de Lucio (23e). Dans les arrêts de jeu de la première mi-temps, Ronaldinho l'effronté accélère, crève le premier rideau défensif anglais, déboussole Ashley Cole d'un passement de jambes, le fameux qui enflamme souvent le Parc des Princes. Sur sa gauche, Ronaldo ; sur sa droite, Rivaldo. Entre deux héros, comment choisir le mieu ? Qui servir des deux meilleurs buteurs du moment de la Coupe du monde ? La star du PSG décale l'attaquant du Barça, qui décroise son pied gauche, tel un joueur de tennis tournant son revers, et envoie une frappe sèche dans le petit filet de Seaman (47e).

Ronaldinho transperce la défense anglaise sous les yeux de Nicky Butt (à gauche). Prémédité ou involontaire, son coup franc finit dans les buts de Seaman avancé (en haut). C'est encore le joueur du PSG qui a offert une passe décisive à Rivaldo, félicité par Kleberson, pour le premier but brésilien (ci-dessus).

Deuxième acte : un coup franc excentré sur la droite. Ronaldinho, vingt-deux ans, écoute les conseils du vieux Cafu, dix ans de plus, une carrière de baroudeur dans le monde entier, son capitaine. Le gardien d'Arsenal anticipe un centre, le ballon flottant retombe dans sa lucarne (50e). Alors, géniale ou involontaire inspiration ? « Cafu m'a fait remarquer que Seaman était avancé, et j'espérais trouver la tête de quelqu'un. C'est allé un peu plus loin, mais je voulais de toute façon le surprendre », explique, non sans contradiction, le buteur.

Peu importe, Ronaldinho démontre au monde que les espoirs placés en lui depuis trois ans – et sa révélation lors de la Copa America 1999 d'un but inouï contre le Venezuela – étaient fondés. Même rééquilibrée contre l'Angleterre par l'apport d'un milieu défensif en place de Juninho, l'équipe brésilienne bâtit ses succès exclusivement sur les coups de patte de son trident offensif. Et Ronaldinho, meilleur passeur de la Seleção, est celui qui apporte la vitesse, crée la rupture décisive. Son expulsion injustifiée – pour un tacle appuyé mais non intentionnel – démontre a contrario qu'il est devenu indispensable. Les flèches Ronaldo et Rivaldo s'éteignent, le Brésil rapetisse, même s'il ne sera jamais inquiété par des Anglais inconsistants, médiocres mécaniciens du jeu.

Le Brésil s'appuie sur la puissance de Silva, qui catapulte Beckham (en haut). Ronaldo prenant le dessus sur Sinclair L'abnégation d'Edmilson face à Heskey, (à gauche de haut en bas). Seaman est consolé par Beckham (ci-dessus).

ALLEMAGNE-ÉTATS-UNIS 1-0
LA PETITE ALLEMAGNE

Il y a tant de bonnes raisons de la voir battue qu'il paraît inévitable qu'elle l'emporte. Le paradoxe entretient l'un des mythes fondateurs du football mondial : cette médiocre Allemagne qui finit toujours par triompher. Sous le cliché éculé, la vérité d'un esprit de compétition atavique, culturellement supérieur aux nations majeures des dernières années comme la France ou l'Espagne. Contre les États-Unis, dans le quatorzième quart de finale de leur histoire, les joueurs de la Mannschaft ont cadré un seul tir, le but de Michael Ballack, une tête puissante sur un coup franc de Ziege (39e). Presque caricaturale, leur prestation indigente est sauvée par la partie de classe mondiale d'Oliver Kahn, auteur de quatre arrêts décisifs en première mi-temps. Les Américains ont offert la qualité du jeu, notamment dans un début de deuxième mi-temps épique, qui voit la main allemande de Frings stopper le ballon sur la ligne sans que l'arbitre n'accorde un penalty. « Lorsque l'Allemagne joue mal, elle peut se qualifier, nous le savions », conclut le sélectionneur américain Bruce Arena.

Tels Cobie Jones et Ernie Stewart, les Américains ont quitté sans regrets la Coupe du monde, après avoir largement dominé leur quart de finale (en haut). Un seul but de Ballack, félicité par Hamann, a suffi aux Allemands (ci-dessus). Le stratège de Leverkusen, qui échappe ici à Mastroeni, a justifié son nouveau statut de star (à droite).

Ahn Jung-hwan restera comme le héros de la Corée du Sud, même s'il n'a pas marqué contre l'Espagne de Hierro qui le tacle ici (à droite). L'abnégation défensive caractérise les Coréens, qui ne lâchent pas De Pedro (en haut). Lee Eul-yong passe devant Luis Enrique pour lui prendre le ballon (ci-dessus). La joie des joueurs coréens à la fin du match (double page suivante).

Samedi 22 juin
Espagne-Corée du Sud 0-0 (3-5 tab)

FIÈVRE ROUGE SUR LA CORÉE

Combien sont-ils exactement à camper sur les places des villes ? Combien sont-ils à déverser dans les rues ce fluide rouge qui coule jusqu'aux plus profonds capillaires du pays ? Cinq à six millions de fans ont été comptabilisés à travers la Corée, délivrée de crispants tirs au but face à l'Espagne. Ils fêtent plus que la qualification invraisemblable de leurs joueurs, premiers représentants de l'Asie à accéder aux demi-finales d'une Coupe du monde. Ils savent, dans une région déchirée par l'histoire, ce que cette suprématie signifie.

Ces rassemblements rappellent justement les grandes heures du passé, notamment la fin de l'occupation japonaise et de la Seconde Guerre mondiale en août 1945. Ils dépassent aussi les manifestations géantes de 1987, qui revendiquaient le besoin démocratique de la jeunesse coréenne. Dans une ferveur adolescente, une nouvelle génération vient exprimer sa fierté d'appartenir à un pays sans unité, se trouve de nouvelles idoles en Ahn Jung-hwan, Seol Ki-hyeon ou Lee Chun-soo. Aujourd'hui, le héros s'appelle Hong Myung-bo, bon capitaine, frappeur courageux du cinquième tir au but décisif.

Pour en arriver à cette ultime séance à suspense, les Coréens ont dû contenir la domination constante des Espagnols. Énergiques au premier tour jusqu'à en devenir suspectes, leurs ressources physiques semblent épuisées. Il faut résister, et les circonstances vont y aider. Un but non validé pour une faute présumée de Helguera, une occasion nette de but avortée pour une sortie du ballon pour le moins injustifiée, les Espagnols cherchent dans l'arbitrage les explications de leur élimination. « Nous partons la tête haute et la conscience tranquille », conclut dignement le capitaine Fernando Hierro, qui quitte la sélection sans briser cette malédiction de la demi-finale qui fuit l'Espagne depuis 1950.

La Corée du Sud réalise, quant à elle, l'épopée la plus renversante de l'histoire de la Coupe du monde. L'équipe de Guus Hiddink vit une aventure unique où les valeurs ataviques d'un peuple se font jour à travers une équipe qui a disputé ces cinq matches dans cinq villes différentes, comme une tournée à chaque fois plus fervente. « Toute une nation est dans une humeur jubilatoire », écrit le *Korean Herald*. Le président Kim Dae-jung peut même clamer : « Ce jour est le plus beau depuis Dangung », le roi qui porte le mythe fondateur de la Corée il y a cinq mille ans...

Une ferveur incroyable s'est emparée de la Corée du Sud (en haut). Le public a aimé la solidarité de ses joueurs, unis pendant la séance de tirs au but face à l'Espagne (ci-dessus). Ahn Jung-hwan dans une chevauchée (à gauche).

Sénégal-Turquie 0-1 ap
FORTS COMME DES TURCS

Le capitaine Aliou Cissé rassemble ses joueurs au centre du terrain. « Les larmes ne doivent pas couler. Notre parcours a été extraordinaire, soyons fiers de nous », leur dit-il. L'aventure est terminée pour les Lions de la Teranga, tombés de fatigue, battus par un adversaire très supérieur. Sans Hakan Sükür, capitaine emblématique mais buteur traumatisé, les Turcs auraient enlevé le match bien avant la prolongation. C'est d'ailleurs son remplaçant, l'attaquant de Besiktas Mansiz Ilhan, qui inscrit le but en or, le plus rapide de l'histoire depuis l'instauration de la règle : sur un centre enroulé d'Umit Davala, le meilleur buteur du championnat turc reprend en demi-volée au premier poteau (94e). Moins révélation que confirmation, la Turquie dispute seulement sa deuxième Coupe du monde, mais sa montée en puissance remonte à sa participation à l'Euro 1996. Depuis, ses vedettes, pour la plupart issues de l'école de Galatasaray, ont essaimé dans les grands clubs européens, même sans y être forcément titulaires : Sükür (Parme), Emre et Okan (Inter), Umit Davala (Milan AC), Bastürk (Leverkusen)... Pour les Sénégalais, reconnus dans le monde entier désormais, s'ouvre justement cette perspective de l'exil doré : se frotter aux meilleurs au-delà... des frontières françaises.

Le gardien sénégalais de Monaco, Tony Sylva, se prend la tête de déception (en haut à gauche). Mansiz Ilhan vient de marquer le but en or pour la Turquie. Fadiga et Diouf, aussi, sont déçus (ci-dessus). Les joueurs de Bruno Metsu ont rarement pris le dessus, malgré Salif Diao devant Emre ou Diouf face à Umit Davala (à droite de haut en bas).

DEMI-FINALES

La Coupe du monde sait respecter ses aînés. L'Allemagne et le Brésil disputent leur dixième demi-finale : les deux nations de référence de l'histoire sont au rendez-vous de leur passé, de leur culture, de leur valeur. Par comparaison, des pays considérés comme majeurs mesurent leur maigre étoffe : la France ou l'Argentine (quatre demi-finales), l'Espagne ou le Portugal (une). Du coup, la Corée du Sud, ainsi que la Turquie en paraissent moins anachroniques : elles n'ont jamais atteint ce stade de la compétition, mais elles en possèdent autant le droit. C'est même la première demi-finale d'une nation asiatique et cela annonce peut-être un avenir plus exotique au football…

Une meute à ses trousses. Le Brésilien Denilson est poursuivi par quatre joueurs turcs : Izzet, Tugay, Bülent et Alpay.

Mardi 25 juin
Allemagne-Corée du Sud 1-0

L'ALLEMAGNE DE MICHAEL BALLACK

« Michael s'est mis au service de l'équipe mais aussi de tout le pays, qui comprendra son geste et l'en remerciera. » Non sans grandiloquence, Rudi Völler exprime sa gratitude au héros de la qualification sur la Corée du Sud, martyr d'une septième finale mondiale. « Quelques larmes ont coulé après le match », avouera plus tendrement Michael Ballack. Le sélectionneur voulait dire aussi combien la Mannschaft est revenue dans le cœur des Allemands, combien le jeune stratège *ossie* représente pour la nation réunifiée, comme une allégorie de sa grandeur retrouvée.

Le destin de Ballack a tourné en quelques minutes, dans cette demi-finale parfaitement équilibrée, où la possession du ballon est partagée à 50 %, mais où l'expérience du haut niveau va faire la décision. La fraîcheur physique a eu sa part aussi : les Coréens restaient sur deux prolongations consécutives avec un moindre temps de repos. En ce milieu de deuxième mi-temps, les Diables rouges sont pourtant près de marquer dans un de ces accès de fièvre virevoltants qui les caractérise. En supériorité numérique, ils s'approchent du but d'Oliver Kahn : pour stopper la percée de Lee Chun-soo, Ballack le tacle irrégulièrement. L'arbitre lui inflige un carton jaune justifié, qui, cumulé à celui des huitièmes de finale, le prive du prochain match. Il ne sait pas encore qu'il s'agira de la finale. « Michael a commis une faute tactique indispensable », reprend Rudi Völler dans sa dialectique de vieux renard des compétitions internationales.

Quatre minutes plus tard, un ballon mal relancé par Kim-Tae-jung est récupéré par Oliver Neuville,

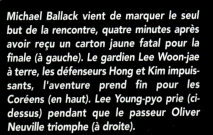

Michael Ballack vient de marquer le seul but de la rencontre, quatre minutes après avoir reçu un carton jaune fatal pour la finale (à gauche). Le gardien Lee Woon-jae à terre, les défenseurs Hong et Kim impuissants, l'aventure prend fin pour les Coréens (en haut). Lee Young-pyo prie (ci-dessus) pendant que le passeur Oliver Neuville triomphe (à droite).

dont le centre en retrait trouve Michael Ballack qui marque en deux temps et deux mouvements : pied droit repoussé par le gardien coréen, pied gauche en demi-volée dans le petit filet (75e). Héros et martyr, le numéro 13 allemand sera le seul joueur suspendu de la finale. Il rejoint dans ce panthéon des malheureux Laurent Blanc, privé de la dernière rencontre en 1998, Leonardo ou Costacurta en 1994. « Arriver en finale de Coupe du monde, c'est le sommet pour un joueur, confesse-t-il. Je souhaite le plus grand succès possible à tous mes coéquipiers, notamment ceux du Bayer Leverkusen. Et c'est peut-être de bon augure que je ne joue pas… »

Michael Ballack fait référence aux trois finales perdues par la formation de la Ruhr cette saison : Championnat et Coupe d'Allemagne, Ligue des champions. Depuis les huitièmes de finale, les joueurs du Bayer, habitués pourtant au jeu plus léché prôné par leur club, sont déterminants dans les succès étriqués de l'Allemagne : Ballack en buteur, Neuville en buteur et passeur, Schneider en passeur. Épuisé par une longue saison, perturbé par une cheville, Ballack a pleinement réussi son Mondial avec quatre passes décisives et trois buts. « Il va devenir un très grand joueur », juge Arsène Wenger en observateur épaté.

À vingt-cinq ans, le jeune milieu de terrain incarne la renaissance du football allemand, qui s'extirpe de ses dernières déconvenues mondiales : deux défaites en quarts de finale, par la Bulgarie en 1994 et la Croatie en 1998. Champion du monde en 1990, l'entraîneur Rudi Völler a réussi l'alchimie d'une équipe hétéroclite : treize survivants du calamiteux Euro 2000 (élimination au premier tour) et neuf joueurs nouveaux qui formeront l'ossature de la génération 2006, quand l'Allemagne accueillera la Coupe du monde : Frings, vingt-cinq ans, Klose, vingt-quatre ans, Asamoah, vingt-trois ans, Kehl, vingt-deux ans, Metzelder, vingt et un ans… Au-dessus d'eux, un leader naturel : Michael Ballack.

Le gardien Lee Woon-jae réalise que l'épopée de la Corée du Sud s'arrête au stade des demi-finales (à gauche). Le joueur du Bayer Leverkusen, Oliver Neuville, face à Lee Chun-soo (en haut). La star Ahn Jung-hwan regarde la tête spectaculaire de Linke (ci-dessus). Hamann, le milieu de terrain allemand, contrôle et passe devant Myung-bo (double page suivante).

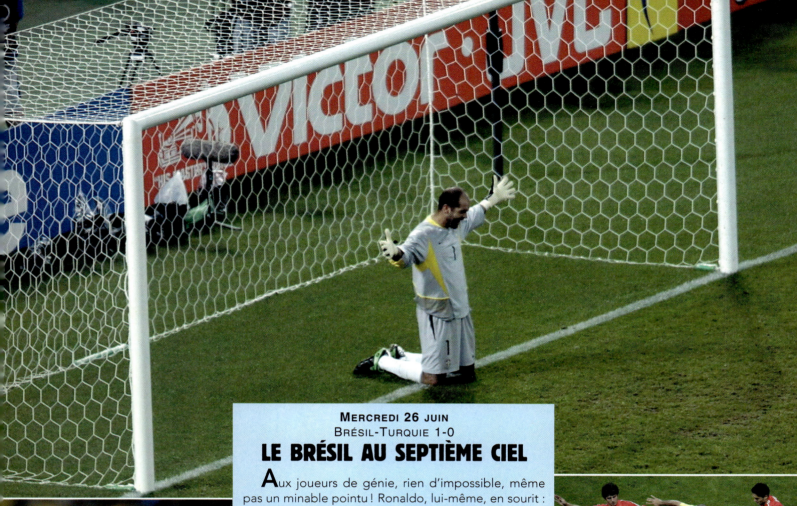

Mercredi 26 juin
Brésil-Turquie 1-0
LE BRÉSIL AU SEPTIÈME CIEL

Aux joueurs de génie, rien d'impossible, même pas un minable pointu ! Ronaldo, lui-même, en sourit : « J'ai marqué un but à la Romario, pas très beau mais très important. » Le vieil aîné, grand absent de la sélection de Luiz Felipe Scolari, doit apprécier l'hommage depuis le Brésil, où l'horizon *auriverde* d'une septième finale embrase tout le pays. Ce sera la troisième consécutive, autant dire que la Selecção n'a jamais vraiment cessé de dominer le monde.

« Le regard des autres sur notre sélection a changé », dit pour sa part le Turc Hasan Sas, l'une des révélations du Mondial. Cela n'est pas grand-chose, face au glorieux adversaire, mais la Turquie est bien devenue l'une des nations majeures de la scène internationale. Les bases de son jeu reposent sur la possession de la balle (encore 56 % contre le Brésil), une grande maîtrise tactique et l'aisance technique de ses joueurs. Dans un match de très haut niveau, sans doute le meilleur depuis le début du Mondial, notamment en première mi-temps, Hakan Sükür et ses frères développent les meilleures séquences collectives, mais pèchent dans la finition.

L'audace et la lucidité : cette alliance de l'inspiration et du sang-froid qui rend les très bons joueurs exceptionnels, Ronaldo la possède plus que tout autre. Qui s'attendait à cette brutale accélération conclue d'un inattendu tir de la pointe du pied ? Pas les Turcs, pas leur gardien Rustu, impeccable jusque-là, surpris pour la première et dernière fois. Lancé par Gilberto Silva, l'attaquant de l'Inter s'engouffre entre

Remarqué pour sa nouvelle coupe de cheveux, Ronaldo est surtout l'auteur du but victorieux (à gauche). Il s'est glissé entre Ergun et Alpay, puis il a marqué, au grand bonheur du gardien Marcos et de ses coéquipiers Gilberto Silva, Kleberson et Cafu (à droite de haut en bas). L'artiste Rivaldo en action (ci-dessus). Basturk ceinturé par Roque Junior sous les yeux d'Edmilson (double suivante).

Le très bon gardien turc Rustu s'écroule à la fin du match (en haut). Ses coéquipiers ont souvent bousculé les Brésiliens, à l'image d'Ilhan devant Kleberson (au milieu) ou Tugay qui va tacler Rivaldo (à droite). Le capitaine Cafu, qui s'échappe devant Umit Davala, va disputer sa troisième finale consécutive (ci-dessus).

Fatih, Ergun et Alpay, frappe si soudainement que le but paraît improbable à tous les spectateurs du stade de Saitama (49e).

Ronaldo marque son sixième but en six matches, mais celui-là semble refermer définitivement une parenthèse désenchantée de quatre ans, quand un jeune joueur déjà star quittait le Stade de France dans la déroute et le mystère. « Je ne veux même pas me souvenir de 1998 », raconte-t-il après la victoire. À vingt-cinq ans, le phénomène participe à sa troisième Coupe du monde, même s'il n'a pas joué une minute en 1994. À la mesure de son aîné et capitaine Cafu, Ronaldo incarne le Brésil moderne, reformaté par Luiz Felipe Scolari dans sa version 2002.

« La tactique est fondamentale pour ne pas perdre. Mais c'est souvent l'improvisation des joueurs qui fait gagner », résume l'entraîneur de la Selecção. On sait l'impact du trio Ronaldo-Rivaldo-Ronaldinho, ce dernier remplacé par Edilson en demi-finale. Contre la Turquie, le Brésil a achevé sa mue défensive, son principal souci depuis le premier tour. Avec un seul joueur véritablement au marquage (Roque Junior), deux défenseurs centraux relanceurs (Edmilson et Lucio), deux joueurs de couloir très offensifs (Cafu et Roberto Carlos), la part de risque est compensée par l'apport d'un deuxième milieu récupérateur, Kleberson, venu soutenir l'activité de Gilberto Silva.

Ces deux joueurs-là vont se retrouver en finale de la Coupe du monde sans avoir disputé un seul match des éliminatoires ! Là se trouve l'inépuisable richesse du Brésil, et qui fait sa force pour l'éternité. Cet atout-là, le football turc ne l'a pas. Mais l'avenir passera aussi par lui. Dans le quartier populaire du Kreuzberg, cœur de la communauté turque berlinoise avec 200 000 ressortissants, on a rêvé d'une finale Turquie-Allemagne. On a pleuré d'interminables larmes, avant de jurer : « Nous remporterons la finale en 2006, à Berlin, contre l'Allemagne… »

SAMEDI 29 JUIN
Corée du Sud-Turquie 2-3
LA FÊTE DU FOOTBALL

Il n'y a plus de petite finale ! Au crépuscule de leurs exploits, la Corée du Sud et la Turquie, les deux révélations du tournoi, ont livré un match spectaculaire. Comme une annonce, le maudit Hakan Sükür marque le but le plus rapide de l'histoire de la Coupe du monde. Onze secondes ! Juste le temps d'une perte de balle de Hong Myung-bo sur l'engagement, et le capitaine turc frappe du gauche à l'entrée de la surface. Le précédent record datait de 1962 : quinze secondes pour le Tchèque Masek face au Mexique.

Les joueurs de Senol Gunes ont étouffé la fougue sud-coréenne en une mi-temps. Ilhan Mansiz inscrit un doublé sur service de Sükür (13e, 32e). Gardien de la Sublime Porte, Rustu stoppe toutes les attaques sud-coréennes, sauf un coup franc magnifique de Lee Eul-yong (11e), puis un ultime assaut de Song Chong-gug (92e). La Turquie accède à son premier podium pour sa deuxième participation à la Coupe du monde, après 1954. Une performance exceptionnelle que la Corée, sans son mentor Guus Hiddink, aura du mal à soutenir en 2006. Prises dans la même aventure à succès, les deux équipes font un tour d'honneur commun, indissociables ce jour de fête du football.

Dans un élan spontané, Turcs et Coréens se prennent la main pour un tour d'honneur en commun : Okan, Kim Tae-young, Umit Davala et Basturk (à gauche). Avant cet épilogue, les joueurs turcs ont savouré ensemble cette victoire (en haut à gauche). Tout à leur bonheur, Hakan Sükür, Erkan et Rustu contemplent leur médaille de bronze ; le brillant gardien turc s'interpose devant Lee Chun-soo ; malgré leur énorme déception, les Coréens restent les vraies révélations de ce Mondial (ci-dessus de haut en bas).

FINALE

C'est le dernier paradoxe d'un tournoi un peu fou. L'Allemagne et le Brésil ne se sont jamais rencontrés en Coupe du monde, alors qu'ils ont joué respectivement quatre-vingt-quatre et quatre-vingt-six matches en phase finale, un record. Ce déconcertant hasard de l'Histoire cache une vérité redoutable : quatre finales seulement sur dix-sept se sont disputées sans l'une ou l'autre équipe (1930, 1934, 1938 et 1978). Le duel des deux pays prend une résonance supérieure, puisqu'il départagera Europe et Amérique du Sud, qui totalisent huit trophées chacune. Et pourtant, ni la Selecção ni la Mannschaft ne paraissaient, cette année, à la hauteur de leur palmarès et de leur réputation…

Les Brésiliens viennent de recevoir la Coupe du monde des mains du président de la FIFA, Sepp Blatter, Ronaldo et Roque Junior embrassent le trophée, sous le regard d'Edmilson à l'arrière-plan.

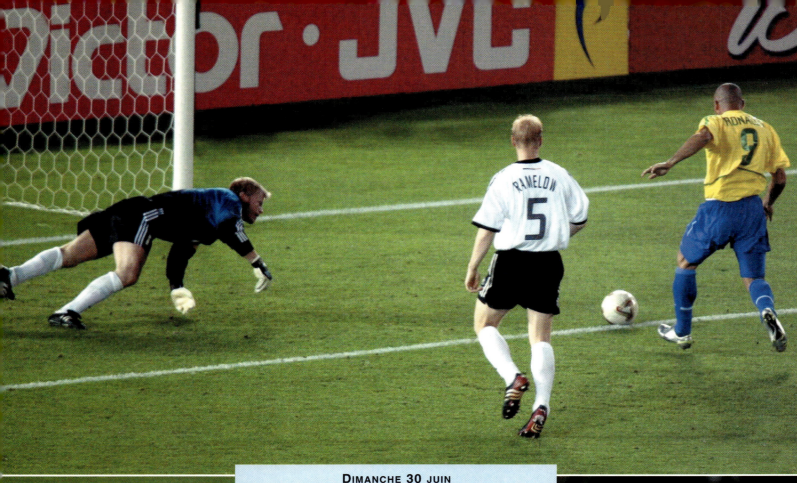

DIMANCHE 30 JUIN
ALLEMAGNE-BRÉSIL 0-2

RONALDO, L'HOMME DE LA PENTA

Ses larmes coulent, elles semblent submerger de bonheur les ultimes soubresauts de quatre années de douleur. Ronaldo pleure au bord du terrain, alors que le match déroule ses derniers instants. Il vient d'être remplacé, comme s'il fallait donner quelques minutes à cet homme pour refaire en esprit son chemin de résurrection. Ronaldo Nazario Luiz de Lima : double buteur de la finale, champion du monde, meilleur buteur et meilleur joueur de la XVIIe Coupe du monde, l'homme de la cinquième conquête. Ronaldo perdu pour le football depuis ses mystérieuses convulsions de la finale 98, star happée si jeune dans une vie démesurée. Opéré deux fois du tendon rotulien, la crainte de rejouer il y a un an, la peur d'une rechute irrémédiable, le retour prudent en sélection deux mois avant le Mondial...

Ces bribes d'une histoire sombre défilent en lui, inévitablement. Forcément, il remercie « Dieu » parce que le revenant d'un autre monde a besoin de savoir pourquoi il est encore parmi les autres. Juste quelques minutes après avoir levé le trophée, Ronaldo donnera les raisons « terrestres » de son retour. « Je dédie cette victoire à ma famille d'abord, à mon médecin ensuite, qui a travaillé plus de deux ans avec moi sans savoir que nous en arriverions là

C'est son jour de gloire. Ronaldo est fêté par tous les Brésiliens, dont Ronaldinho (page de gauche). Il ouvre le score sur un ballon relâché par Oliver Kahn (en haut). Irrésistible devant Linke (ci-dessus) et Hamann (à droite au milieu), le meilleur buteur de la Coupe du monde a été stoppé trois fois par Kahn avant de marquer (à droite en bas).

Ronaldo retrouve des joies disparues depuis quatre ans. Il hurle son bonheur après le premier but (en haut et à droite). Il est porté en triomphe par Vampeta, l'ancien joueur du PSG, après la victoire (ci-dessus).

aujourd'hui. » Ce docteur du genou et un peu de l'âme s'appelle Gérard Saillant, professeur à l'hôpital de la Pitié-Salpêtrière à Paris, et le joueur l'a invité, dans un geste d'une belle élégance, au grand rendez-vous de Yokohama.

Allemagne-Brésil : cette finale était une affiche de cinéma, un blockbuster, une sorte de *Guerre des étoiles*, quatre contre trois sur les maillots des acteurs, revisité par un Spielberg footballeur. La rencontre de deux monstres sacrés que le siècle dernier n'a jamais pu imaginer, ces décennies que le Brésil et l'Allemagne ont marquées au crampon. C'est une finale à laquelle le tournoi 2002 n'osa jamais croire, tant on y a parlé de surprises, de révélations. Tout cela pour finir sur le duel le plus conventionnel de l'Histoire, et en même temps totalement inédit.

C'est une finale vraiment miraculeuse : la Seleçcao s'était qualifiée au dernier tour de la zone Amsud ; la Mannschaft était passée aux barrages. Les deux nations en gardent cette force profonde des glorieux, tenus de faire honneur à leur passé. L'Allemagne survit à l'inaltérable catalogue des poncifs dont on l'affuble et qu'elle se plaît à entretenir : la discipline, le réalisme, l'arrogance, la compétition, la victoire. Perdre lui est insupportable, tant que l'humiliation de l'Euro 2000 – pas le moindre succès – s'est dissoute dans le Mondial 2002 : et une finale, la septième !

Un doute à l'heure du défi : comment compenser l'absence de Michael Ballack, le seul joueur inventif

L'Allemagne a contrôlé l'essentiel du jeu pendant une heure, tel Bode devant Ronaldinho (page de gauche), s'est même créée une occasion par Klose qui est devancé par le gardien Marcos et le Lyonnais Edmilson (en haut). Klose a souvent souffert du marquage serré de Roque Junior (à droite). L'Allemagne battue, Linke déçu (ci-dessus).

de cette formation compacte, physique, rudimentaire ? Mais puisque Oliver Kahn allait tout stopper des saillies brésiliennes... Le gardien du Bayern Munich justifie son aura de meilleur gardien du Mondial dans une première mi-temps très bien ficelée par l'Allemagne – Roberto Carlos et Cafu bloqués sur les côtés, le milieu de terrain étouffé –, mais dont les principales occasions reviennent au Brésil. Sur une passe lumineuse de Ronaldinho, Ronaldo se présente devant Kahn et semble fuir le face-à-face en cherchant vainement Rivaldo. Le duel semble tourner pour le gardien allemand, qui sort deux autres tentatives de l'attaquant, dont une frappe puissante dégagée du tibia juste avant la mi-temps.

La finale des finales ne tient pas ses promesses symboliques, comme souvent quand l'attente est trop forte. Il faut une péripétie, ces détails infimes qui forgent l'Histoire, et elle s'avère cruelle pour Oliver Kahn. Ronaldo chipe un ballon à Hamann, qu'il transmet immédiatement à Rivaldo, dont la frappe sèche échappe aux mains puissantes du gardien. À l'affût, Ronaldo marque sans peine (67e). « C'est la seule erreur que j'ai commise en sept matches et elle a été durement sanctionnée », confesse l'Allemand hagard, sans insister sur la blessure –- un ligament déchiré de la main droite – qu'il avait subie quelques minutes plus tôt.

Dans ce tournant du match, Kahn perd sans doute le titre de meilleur joueur de la compétition et l'Allemagne, la Coupe du monde. Le Brésil contrôle aisément la fin de la rencontre, double le score sur

Le Brésil a aussi montré de la solidité défensive, grâce notamment au milieu Kleberson, ici devant Miroslav Klose (en haut). Klose, encore, qui tacle Edmilson (ci-dessus). À trente-deux ans, Cafu, le milieu droit de la Roma, a gardé ses jambes de vingt ans. Il ne lâche pas Oliver Neuville, l'attaquant du Bayer Leverkusen (à droite).

une intuition géniale de Rivaldo, une feinte magique après un centre de Kleberson, pour un but typiquement « ronaldien » : la frappe enroulée de l'intérieur du droit le long du poteau (79e). En matois sélectionneur, Rudi Völler avait avancé : « Ce ne sont pas toujours les meilleurs qui gagnent, sinon les Brésiliens auraient remporté seize Coupes du monde ! » Ce soir, sous la douce pluie de mousson de Yokohama, devant l'œcuménique présence de l'Empereur du Japon et du président coréen Kim Dae-jung, le meilleur a gagné, au gré de six occasions nettes contre une seule à Neuville, sur un coup franc détourné par Marcos sur le poteau.

Le Brésil attendait un but en finale depuis 1970 ! Une trop longue souffrance pour un pays de passion et d'outrance, mais une date mirage pour le peuple *auriverde*. Comme en 1970, la Seleçcao remporte tous ses matches du tournoi. À l'égal de Pelé, qui clôt sa série de douze buts en 1970, Ronaldo le rejoint dans la légende, avec quatre buts en 1998 et huit en 2002, le total le plus élevé d'un meilleur buteur depuis... 1970. « Tout doucement, je commmence à comprendre ce qui se passe, sourit le héros. Chaque fois que je rentre sur un terrain, que je marque, c'est une victoire. En ce sens, même si je n'avais pas été champion du monde, j'aurais été heureux. Mais avoir conquis la Coupe du monde... » Quand le capitaine Cafu, le joueur record aux trois finales et aux deux titres, lui transmet le trophée, Ronaldo sait qu'il est l'homme de la Penta...

Meilleur gardien du Mondial, Oliver Kahn a commis une seule erreur, en finale, sur une frappe de Rivaldo reprise par Ronaldo. Il sort meurtri du stade de Yokohama.

Impeccable, encore, en finale, à la poursuite de Bernd Schneider (à gauche), le capitaine brésilien Cafu brandit le trophée. Il est le premier joueur de l'Histoire à disputer trois finales de Coupe du monde, pour deux victoires.

Les Brésiliens fêtent leur cinquième Coupe du monde, la Penta : Roberto Carlos couve le trophée comme son bébé, entouré d'Edmilson, Juninho et Ronaldo.

LA COUPE DU MONDE 2002 EN CHIFFRES

PREMIER TOUR

GROUPE A

France-Sénégal 0-1
Séoul (CDS) – Vendredi 31 mai
Temps doux – Pelouse moyenne
Spectateurs : 64 640. Arbitre : M. Bujsaïm (EAU).
Buts : Bouba Diop (30e) pour le Sénégal.
Avertissements : Petit (45e) pour la France ;
A. Cissé (51e) pour le Sénégal.

France : Barthez, Thuram, Leboeuf, Desailly (cap.), Lizarazu, Vieira, Petit, Wiltord (D. Cissé, 81e), Djorkaeff (Dugarry, 60e), Henry, Trezeguet.
Sénégal : Sylva, Coly, Diatta, Malik Diop, Daf, A. Cissé (cap.), Diao, Bouba Diop, Mo. N'Diaye, Fadiga, Diouf.

Uruguay-Danemark 1-2
Ulsan (CDS) – Samedi 1er juin
Temps chaud – Pelouse en très bon état
Spectateurs : 43 512. Arbitre : M. Mane (KOW).
Buts : Tomasson (45e, 83e) pour le Danemark ; Dario Rodriguez (47e) pour l'Uruguay.
Avertissements : G. Mendez (26e) pour l'Uruguay ; Heintze (34e), Laursen (51e) pour le Danemark.

Uruguay : Carini, G. Mendez, Sorondo, Montero (cap.), Dario Rodriguez (Magallanes, 87e), Varela, Pablo Garcia, Guigou, Recoba (Regueiro, 80e), Dario Silva, Abreu (Morales, 88e).
Danemark : Sörensen, Helveg, Henriksen, Laursen, Heintze (cap.), N. Jensen, 57e, Gravesen, Töfting, Tomasson, Rommedahl, Gronkjaer (Jörgensen, 70e), Sand (Poulsen, 88e).

Danemark-Sénégal 1-1
Daegu (CDS) – Jeudi 6 juin
Temps très chaud – Pelouse en excellent état
Spectateurs : 43 500. Arbitre : M. Batres (GUA)
Buts : Tomasson (16e s.p.) pour le Danemark ; Diao (51e) pour le Sénégal.
Avertissements : Sand (8e), Tomasson (20e), Helveg (82e), Poulsen (84e) pour le Danemark ; Fadiga (10e), Diao (64e) pour le Sénégal.
Expulsion : Diao (80e) pour le Sénégal.

Danemark : Sörensen, Helveg, Laursen, Henriksen, Heintze (cap.), Gravesen (Poulsen, 62e), Töfting, Tomasson, Rommedahl (Lövenkrands, 89e), Gronkjaer (Jörgensen, 49e), Sand.
Sénégal : Sylva, Coly, Diatta, Malik Diop (cap.), Daf, Diao, Sarr (S. Camara, 46e), Beye, 83e), Bouba Diop, Mo. N'Diaye (H. Camara, 46e), Fadiga, Diouf.

France-Uruguay 0-0
Busan (CDS) – Jeudi 6 juin
Temps beau et chaud – Pelouse excellente
Spectateurs : 38 287.
Arbitre : M. Ramos Rizo (MEX)
Avertissements : P. Garcia (11e), Abreu (45e), M. Romero (45e), D. Silva (48e) pour l'Uruguay ; Petit (45e) pour la France.
Expulsion : Henry (25e) pour la France.

France : Barthez, Thuram, Leboeuf (Candela, 16e), Desailly (cap.), Lizarazu, Viera, E. Petit, Micoud, Wiltord (Dugarry, 93e), Trezeguet (D. Cissé, 81e), Henry.
Uruguay : Carini, Lembo, Montero (cap.), Sorondo, Varela, M. Romero (De Los Santos, 71e), P. Garcia, D. Rodriguez (Guigou, 72e), Recoba, Abreu, D. Silva (Magallanes, 60e).

Danemark-France 2-0
Incheon (CDS) – Mardi 11 juin
Temps beau et chaud – Pelouse un peu haute
Spectateurs : 48 100.
Arbitre : M. Melo Pereira (POR)
Buts : Rommedahl (22e), Tomasson (67e) pour le Danemark.
Avertissements : Dugarry (8e) pour la France ; Poulsen (27e), N. Jensen (71e) pour le Danemark.

Danemark : Sörensen, Helveg, Laursen, Henriksen (cap.), N. Jensen, Poulsen (Boegelund, 76e), Töfting (Steen-Nielsen, 79e), Gravesen, Rommedahl, Jörgensen (Grönkjaer, 46e), Tomasson.
France : Barthez, Candela, Thuram, Desailly (cap.), Lizarazu, Makelele, Vieira, Micoud (71e), Zidane, Wiltord (Djorkaeff, 83e), Dugarry (D. Cissé, 54e), Trezeguet.

Sénégal-Uruguay 3-3
Suwon (CDS) – Mardi 11 juin
Beau temps – Pelouse en bon état
Spectateurs : 30 000 environ.
Arbitre : M. Wegereef (HOL)
Buts : Fadiga (20e, s.p.), Bouba Diop (26e, 37e) pour le Sénégal ; R. Morales (46e), Forlan (69e), Recoba (88e, s.p.) pour l'Uruguay.
Avertissements : H. Camara (2e), Daf (4e), Coly (39e), Bouba Diop (70e), Diouf (82e), Fadiga (87e), Beye (88e) pour le Sénégal ; M. Romero (8e), Carini (19e), P. Garcia (35e), D. Rodriguez (40e), Montero (82e) pour l'Uruguay.

Sénégal : Sylva, Coly (Beye, 63e), Diatta, Malik Diop, Daf, Al. Cissé (cap.), N'Dour (Faye, 76e), Bouba Diop, H. Camara (Mo. N'Diaye, 67e), Fadiga, Diouf.
Uruguay : Carini, Lembo, Montero (cap.), Sorondo (Regueiro, 31e), Varela, M. Romero (Forlan, 46e), P. Garcia, D. Rodriguez, Recoba, Abreu (R. Morales, 46e), Dario Silva.

Classement du groupe A
1. Danemark, 7 pts ; 2. Sénégal, 5 pts ;
3 Uruguay, 2 pts ; 4. France, 1 pt.
Danemark et Sénégal qualifiés.

GROUPE B

Paraguay-Afrique du Sud 2-2
Busan (CDS) – Dimanche 2 juin
Temps couvert – Pelouse excellente
Spectateurs : 25 186. Arbitre : M. Michel (SLQ).
Buts : Santa Cruz (39e), Arce (55e) pour le Paraguay ; Struway (63e, c.s.c.), Fortune (91e, s.p.) pour l'Afrique du Sud.
Avertissements : Caceres (35e), Caniza (65e), Tavarelli (90e), Franco (93e) pour le Paraguay ; A. Mokoena (3e), Issa (8e), McCarthy (38e), Zuma (45e) pour l'Afrique du Sud.

Paraguay : Tavarelli, Gamarra (cap.), C. Ayala, Caceres, Caniza, Struway (Franco, 86e), Acua, Arce, Alvarenga (Gavilan, 65e), Santa Cruz, J.L. Campos (Morinigo, 72e).
Afrique du Sud : Arendse, A. Mokoena, Issa (Mukansi, 27e), Radebe (cap.), Carnell, T. Mokoena, Sibaya, Nzama, Fortune, Zuma, McCarthy (Koumantarakis, 78e).

Espagne-Slovénie 3-1
Gwangju (CDS) – Dimanche 2 juin
Temps lourd – Pelouse en bon état
Spectateurs : 45 000. Arbitre : M. Guezzaz (MAR)
Buts : Raul (44e), Valeron (74e), Hierro (88e, s.p.) pour l'Espagne ; Cimerotic (82e) pour la Slovénie.
Avertissements : Valeron (36e) pour l'Espagne ; Karic (45e), Cimerotic (65e) pour la Slovénie.

Espagne : Casillas, Puyol, Hierro (cap.), Nadal, Juanfran (Romero, 82e), Baraja, Luis Enrique (Helguera, 74e), Valeron, De Pedro, Diego Tristan (Morientes, 67e), Raul.
Slovénie : Simeunovic, Milinovic, Galic, Knavs, D. Novak (Gajser, 77e), Pavlin, A. Ceh, Karic, Rudonja, Zahovic (cap., Acimovic, 63e), Osterc (Cimerotic, 57e).

Espagne-Paraguay 3-1
Jeonju (CDS) – Vendredi 7 juin
Temps agréable – Pelouse excellente.
Spectateurs : 41 428.
Arbitre : M. Ghandour (ÉGY).
Buts : Puyol (10e, c.s.c.) pour le Paraguay ; Morientes (53e, 69e), Hierro (82e, s.p.) pour l'Espagne.
Avertissements : Baraja (9e) pour l'Espagne ; Arce (44e), Gavilan (60e), Santa Cruz (80e) pour le Paraguay.

Espagne : Casillas, Puyol, Hierro (cap.), Nadal, Juanfran, Baraja, Valeron (Xavi, 85e), Luis Enrique (Helguera, 46e), De Pedro, Diego Tristan (Morientes, 46e), Raul.
Paraguay : Chilavert (cap.), Gamarra, C. Ayala, Caceres, Arce, Acuña, Paredes, Caniza (Struway, 78e), Gavilan, Cardozo (J.L. Campos, 63e), Santa Cruz.

Afrique du Sud-Slovénie 1-0
Daegu (CDS) – Samedi 8 juin
Temps dégagé – Pelouse en bon état.
Spectateurs : 60 000 environ.
Arbitre : M. Sanchez (ARG)
Buts : Nomvethe (4e) pour l'Afrique du Sud.
Avertissements : Radebe (11e), A. Mokoena (58e) pour l'Afrique du Sud ; Vugdalic (34e), A. Ceh (61e), Pavlin (75e) pour la Slovénie.

Afrique du Sud : Arendse, Nzama, A. Mokoena, Radebe (cap.), Carnell, T. Mokoena, Sibaya, Zuma, Fortune (Pule, 85e), Nomvete, McCarthy (Koumantarakis, 80e).

Slovénie : Simeunovic, Milinovic, Vugdalic, Knavs (Bulajic, 61e), D. Novak, Pavlin, A. Ceh (cap.), Karic, Rudonja, Acimovic (N. Ceh, 60e), Cimerotic (Osterc, 41e).

Afrique du Sud-Espagne 2-3

Daejeon (CDS) – Mercredi 12 juin
Temps humide – Pelouse excellente.
Spectateurs : 45 000 environ.
Arbitre : M. Mane (KOW)
Buts : Raul (4e, 56e), Mendieta (45e) pour l'Espagne ; B. McCarthy (32e), Radebe (53e) pour l'Afrique du Sud.
Avertissements : Nzama (16e), Carnell (67e), Nomvethe (69e), A. Mokoena (81e) pour l'Afrique du Sud.

Afrique du Sud : Arendse, Nzama, A. Mokoena, Radebe (cap.), Molefe, 80e), Carnell, T. Mokoena, Sibaya, Zuma, Fortune (Lekgetho, 83e), Nomvete (Koumantarakis, 74e), McCarthy.
Espagne : Casillas, Curro Torres, Helguera, Nadal (cap.), Romero, Xavi, Albelda (Sergio, 53e), Joaquin, Mendieta, Morientes (Luque, 78e), Raul (Luis Enrique, 82e).

Slovénie-Paraguay 1-3

Seogwipo (CDS) – Mercredi 12 juin
Temps doux – Pelouse en bon état
Spectateurs : 30 136.
Arbitre : M. Ramos Rizo (MEX)
Buts : Acimovic (45e) pour la Slovénie ; Cuevas (66e, 84e), J. L. Campos (73e) pour le Paraguay.
Avertissements : Pavlin (16e), Karic (68e), Rudonja (69e), Milinovic (79e) pour la Slovénie ; Paredes (4e, 22e) pour le Paraguay.
Expulsions : Paredes (22e) pour le Paraguay ; N. Ceh (81e) pour la Slovénie.

Slovénie : Dabanovic, Karic, Milinovic, Bulajic, D. Novak, Pavlin (Rudonja, 40e), A. Ceh (cap.), Tavcar, Acimovic (N. Ceh, 60e), Cimerotic, Osterc (Tiganj, 78e).
Paraguay : Chilavert (cap.), Gamarra, C. Ayala, Caceres, Arce, Acua, Paredes, Caniza, Alvarenga (J.L. Campos, 54e), Cardozo (Cuevas, 61e, Franco, 93e), Santa Cruz.

Classement du groupe B
1. Espagne, 9 pts ; 2. Paraguay, 4 pts ;
3. Afrique du Sud, 4 pts ; 4. Slovénie, 0 pt.
Espagne et Paraguay qualifiés.

GROUPE C

Brésil-Turquie 2-1

Ulsan (CDS) – Lundi 3 juin
Temps chaud – Pelouse excellente
Spectateurs : 43 000 environ. **Arbitre :** M. Kim Young-joo (CDS)
Buts : Hasan Sas (45e) pour la Turquie ; Ronaldo (50e), Rivaldo (87e, s.p.) pour le Brésil.
Avertissements : Fatih (21e), Hakan Ünsal (24e), Alpay (43e) pour la Turquie ; Denilson (73e) pour le Brésil.
Expulsions : Alpay (86e), Hakan Ünsal (94e) pour la Turquie.

Brésil : Marcos, Cafu (cap.), Lucio, Roque Junior, Edmilson, Roberto Carlos, Gilberto Silva, Juninho Paulista (Vampeta, 72e), Ronaldinho (Denilson, 68e), Ronaldo (Luizao, 73e), Rivaldo.
Turquie : Rüstü, Alpay, Ö. Ümit, K. Bülent (Ilhan, 66e), Fatih, Hakan Unsal, Tugay (Arif, 88e), B. Emre, Bastürk (D. Ümit, 66e), Hasan Sas, Hakan Sükür (cap.).

Chine-Costa Rica 0-2

Gwangju (CDS) – Mardi 4 juin
Temps chaud – Pelouse excellente
Spectateurs : 27 612. **Arbitre :** M. Vassaras (GRE)
Buts : R. Gomez (61e), M. Wright (64e).
Avertissements : L.A. Marin (15e), Solis Mora (17e), R. Gomez (79e), Centeno (85e) pour le Costa Rica ; Li Tie (60e), Li Xiaopeng (90e).

Chine : Jiang Jin, Xu Yunlong, Fan Zhiyi (Yu Gengwei, 74e), Li Weifeng, Wu Chenying, Ma Mingyu (cap.), Li Tie, Sun Jihai (Qu Bo, 26e), Li Xiaopeng, Hao Heidong, Yang Chen (Su Maozhen, 70e).
Costa Rica : Lonnis (cap.), L.A. Marin, M. Wright, G. Martinez, Solis, Centeno, Wallace (Bryce, 70e), Castro Mora, R. Gomez, Fonseca Jimenez (Medford, 57e), Wanchope (Lopez Arguedas, 80e).

Brésil-Chine 4-0

Seogwipo (CDS) – Samedi 8 juin
Temps doux – Pelouse excellente
Spectateurs : 36 750. **Arbitre :** M. Frisk (SUE).
Buts : Roberto Carlos (15e), Rivaldo (32e), Ronaldinho (45e, s.p.), Ronaldo (55e) pour le Brésil.
Avertissements : Ronaldinho (25e), Roque Junior (69e) pour le Brésil.

Brésil : Marcos, Lucio, Roque Junior, Anderson Polga, Cafu (cap.), Gilberto Silva, Juninho Paulista (Ricardinho, 71e), Ronaldinho (Denilson, 46e), Roberto Carlos, Rivaldo, Ronaldo (Edilson, 72e).
Chine : Jiang Jin, Xu Yunlong, Li Weifeng, Du Wei, Wu Chenying, Ma Mingyu (cap.), Yang Pu, 62e), Qi Hong (Shao Jiayi, 66e), Li Tie, Zhao Junzhe, Li Xiaopeng, Hao Haidong.

Costa Rica-Turquie 1-1

Incheon (CDS) – Dimanche 9 juin
Temps frais – Pelouse en bon état
Spectateurs : 42 299. **Arbitre :** M. Codjia (BEN).
Buts : B. Emre (56e) pour la Turquie ; Parks (87e) pour le Costa Rica.
Avertissements : A. Emre (20e), Tugay (45e), B. Emre (89e) pour la Turquie ; G. Martinez (24e), Castro Mora (43e) pour le Costa Rica.

Costa Rica : Lonnis (cap.), Wallace (Bryce, 77e), L. A. Marin, M. Wright, G. Martinez, Castro Mora, Centeno (Medford, 67e), Solis Mora, W . Lopez Arguedas (Parks, 77e), Wanchope, R. Gomez.
Turquie : Rüstü, Fatih, Ö. Ümit, A. Emre, Ergün, D. Ümit, Tugay (Arif, 88e), B. Emre, Bastürk (Nihat, 79e) Hasan Sas, Hakan Sükür (cap., Ilhan, 75e).

Costa Rica-Brésil 2-5

Suwon (CDS) – Jeudi 13 juin
Temps ensoleillé et doux – Pelouse excellente
Spectateurs : 38 524.
Arbitre : M. Ghandour (ÉGY).
Buts : Ronaldo (10e, 13e), Edmilson (38e), Rivaldo (62e), Junior (64e) pour le Brésil ; Wanchope (40e), R. Gomez (56e) pour le Costa Rica.
Avertissements : Cafu (93e) pour le Brésil.

Costa Rica : Lonnis (cap.), Marin, Wright, G. Martinez (Parks, 74e), Wallace (Bryce, 46e), Solis (Fonseca, 65e), Centeno, W. Lopez, Castro, Wanchope, R. Gomez.
Brésil : Marcos, Lucio, Anderson Polga, Edmilson, Cafu (cap.), Juninho Paulista (Ricardinho, 61e), Gilberto Silva, Rivaldo (Kaka, 72e), Junior, Edilson (Kleberson, 57e), Ronaldo.

Turquie-Chine 3-0

Séoul (CDS) – Jeudi 13 juin
Temps beau – Pelouse bonne
Arbitre : M. Ruiz (COL)
Buts : Hasan Sas (6e), Bulent (9e), Umit Davala (84e).
Avertissements : Emre Asik (20e), Emre Belozoglu (30e), Hasan Sas (81e) pour la Turquie ; Yang Pu (45e), Li Weifeng (62e) pour la Chine.
Expulsion : Shao Jiayi (59e).

Turquie : Rüstü (Omer, 35e), Fatih, Bülent, Hakan Ünsal, Emre Asik, Tugay (Tayfur, 84e), Emre Belozoglu, Bastürk (Ilhan, 69e), Ümit Davala, Hasan Sas, Hakan Sükür (cap.).
Chine : Jiang Jin (cap.), Xu Yunlong, Yang Pu, Li Weifeng, Lu Wei, Wu Chengying (Shao Jiayi, 46e), Li Tie, Zhao Junzhe, Li Xiaopeng, Hao Haidong (Qu Bo, 72e), Yang Chen (Yu Genwei, 72e).

Classement du groupe C
1. Brésil, 9 pts ; 2. Turquie, 4 pts ;
3. Costa Rica, 4 pts ; 4. Chine, 0 pt.
Brésil et Turquie qualifiés.

GROUPE D

Corée du Sud-Pologne 2-0

Busan (CDS) – Mardi 4 juin
Temps lourd – Pelouse en bon état
Spectateurs : 53 000 environ.
Arbitre : M. Ruiz (COL)
Buts : Hwang Sun-Hong (26e), Yoo Sang-chul (53e).
Avertissements : Krzynowek (32e), Hajto (80e), Swierczewski (85e) pour la Pologne ; Park Ji-sung (71e), Cha Doo-ri (91e) pour la Corée du Sud.

Corée du Sud : Lee Woon-jae, Choi Jin-chul, Hong Myung-bo (cap.), Kim Tae-young, Song Chon-gug, Kim Nam-il, Yoo Sang-chul (Lee Chunsoo, 62e), Lee Eul-yong, Park Ji-sung, Hwang Sunhong (Ahn Jung-hwan, 50e), Seol Ki-hyeon (Cha Doo-ri).
Pologne : Dudek, Hajto, J. Bak (Klos, 51e), Waldoch (cap.), Mi. Zewlakow, Swierczewski, Kaluzny (Ma. Zewlakow, 65e), Kozminski, Krzynowek, Olisadebe, Zurawski (Kryszalowicz, 46e).

États-Unis-Portugal 3-2

Suwon (CDS) – Mercredi 5 juin
Temps doux – Pelouse moyenne
Spectateurs : 37 306. **Arbitre :** M. Moreno (ÉQU)
Buts : O'Brien (4e), Jorge Costa (29e, c.s.c.) McBride (36e) pour les États-Unis ; Beto (39e), Agoos (71e, c.s.c.) pour le Portugal.
Avertissements : Beasley (92e) pour les États-Unis ; Beto (34e), A. Petit (52e) pour le Portugal.

États-Unis : Friedel, Sanneh, Pope (Llamosa, 80e), Agoos, Hejduk, Mastroeni, E. Stewart (cap.), C. Jones, 46e), Beasley, O'Brien, Donovan (J.M. Moore, 75e), McBride.

Sénégal : Vitor Baia, Beto, Fernando Couto (cap.), Jorge Costa (Jorge Andrade, 73e), Rui Jorge (Paulo Bento, 69e), A. Petit, Rui Costa (Nuno Gomes, 80e), Figo, Sergio Conceiçao, Joao Pinto, Pauleta.

Corée du Sud-États-Unis 1-1
Daegu (CDS) – Lundi 10 juin
Temps couvert – Pelouse excellente
Spectateurs : 60 778. **Arbitre :** M. Meier (SUI)
Buts : C. Mathis (24e) pour les États-Unis ; Ahn Jung-hwan (78e) pour la Corée du Sud.
Avertissements : Hejduk (30e), Agoos (39e) pour les États-Unis ; Hong Myung-bo (80e) pour la Corée du Sud.

Corée du Sud : Lee Woon-jae, Choi Jin-chul, Hong Myung-bo (cap.), Kim Tae-young, Song Chong-gug, Kim Nam-il, Yoo Sang-chul (Choi Yong-soo, 69e), Lee Eul-yong, Park Ji-sung (Lee Chun-soo, 38e), Hwang Sun-hong (Ahn Jung-hwan, 56e), Seol Ki-hyeon.
États-Unis : Friedel, Sanneh, Pope, Agoos, Hejduk, J. O'Brian, Donovan, C. Reyna (cap.), Beasley (E. Lewis, 74e), McBride, C. Mathis (Wolff, 82e).

Portugal-Pologne 4-0
Jeonju (CDS) – Lundi 10 juin
Temps pluvieux – Pelouse en bon état
Spectateurs : 35 000. **Arbitre :** M. Dallas (ECO).
Buts : Pauleta (14e, 65e, 77e), Rui Costa (87e) pour le Portugal.
Avertissements : Swierczewski (21e), A. Bak (39e) pour la Pologne ; Frechaut (25e), Jorge Costa (29e), (Rui Jorge (31e) pour le Portugal.

Portugal : Vitor Baia, Frechaut (Beto, 64e), Fernando Couto (cap.), Jorge Costa, Rui Jorge, A. Petit, Paulo Bento, Joao Pinto (Rui Costa, 60e), Sergio Conceiçao (Capucho, 69e), Figo, Pauleta.
Pologne : Dudek, Kozminski, Hajto, Waldoch (cap.), Mi. Zewlakow (Rzasa, 71e), Swierczewski, Krzynowek, Zurawski (Ma. Zewlakow, 56e), Kaloujni (A. Bak, 16e), Kryszalowicz, Olisadebe.

Portugal-Corée du Sud 0-1
Incheon (CDS) – Vendredi 14 juin
Temps doux – Pelouse en très bon état
Spectateurs : 50 239. **Arbitre :** M. Sanchez (ARG).
Buts : Park Ji-Sung (70e) pour la Cotée du Sud.
Avertissements : Beto (22e, 65e), Jorge Costa (83e) pour le Portugal ; Kim Tae-young (24e), Seol Ki-hyeon (57e) Kim Nam-il (74e), Ahn Yung-hwan (93e) pour la Corée du Sud.
Expulsions : Joao Pinto (27e), Beto (65e) pour le Portugal.

Portugal : Vitor Baia, Beto, Fernando Couto (cap.), Jorge Costa, Rui Jorge (Abel Xavier, 73e), A. Petit (Nuno Gomes, 77e), Paulo Bento, Joao Pinto, Sergio Conceiçao, Figo, Pauleta (Jorge Andrade, 66e).
Corée du Sud : Lee Woon-jae, Song Chong-gug, Choi Jin-chul, Hong Myung-bo (cap.), Lee Young-pyo, Yoo Sang-chul, Kim Nam-il, Kim Tae-young, Park Ji-sung, Seol Ki-hyeon, Ahn Jung-hwan (Lee Chun-soo, 93e).

Pologne-États-Unis 3-1
Daejeon (CDS) – Vendredi 14 juin
Temps chaud – Pelouse en bon état
Spectateurs : 40 000 environ. **Arbitre :** M. Lu (CHI).
Buts : Olisadebe (3e), Kryszalowicz (5e), Ma. Zewlakow (66e) pour la Pologne ; Donovan (83e) pour les États-Unis.
Avertissements : Majdan (44e), Kozminski (46e), Kucharski (63e), Olisadebe (86e) pour la Pologne ; Hejduk (72e) pour les États-Unis.

Pologne : Majdan, Klos (Waldoch, 89e), Glowacki, Zielinski (cap.), Kozminski, Murawski, Zurawski, Kucharski (Ma. Zewlakow, 65e), Krzynowek, Kryszalowicz, Olisadebe (Sibik, 86e).
États-Unis : Friedel, Sanneh, Pope, Agoos (Beasley, 36e), Hejduk, J. O'Brian, E. Stewart (C. Jones, 68e), Donovan, C. Reyna (cap.), Mc Bride (J.M. Moore, 58e), C. Mathis.

Classement du groupe D
1. Corée du Sud, 7 pts ; 2. États-Unis, 4 pts ; 3. Portugal, 3 pts ; 4. Pologne, 3 pts.
Corée du Sud et États-Unis qualifiés.

GROUPE E

Eire-Cameroun 1-1
Niigata (JAP) – Samedi 1er juin
Temps chaud – Pelouse en parfait état
Spectateurs : 33 679. **Arbitre :** M. Kamikawa (JAP).
Buts : Mboma (39e) pour le Cameroun ; Holland (52e) pour l'Eire.
Avertissements : McAteer (30e), Finnan (51e), Reid (82e) pour l'Eire ; Kalla (89e) pour le Cameroun.

Eire : Given, G. Kelly, Breen, Staunton (cap.), Harte (Reid, 78e), Kinsella, Holland, McAteer (Finnan, 46e), Kilbane, Rob. Keane, Duff.
Cameroun : Alioum, Song (cap.), Kalla, Tchato, Foé, Lauren, Olembe, Geremi, Wome, Eto'o, Mboma (Suffo, 69e).

Allemagne-Arabie saoudite 8-0
Sapporo (JAP) – Samedi 1er juin
Temps doux – Pelouse excellente
Spectateurs : 32 218. **Arbitre :** M. Aquino (PAR).
Buts : Klose (20e, 25e, 69e), Ballack (40e), Jancker (45e), Linke (71e), Bierhoff (85e), Schneider (91e).
Avertissements : Ziege (42e), Hamann (83e) pour l'Allemagne ; Al-Houssaoui (90e) pour l'Arabie saoudite.

Allemagne : Kahn (cap.), Linke, Metzeider, Ramelow (Jeremies, 46e), Ballack, Hamann, Frings, Ziege, Schneider, Klose (Neuville, 77e), Jancker (Bierhoff, 67e).
Arabie saoudite : Al-Deayea, Al-Dossari, Taer, Sulaiman, Al-Solaimani, Al-Houssaoui, Al-Temyat (Al-Khathran, 46e), Al-Owairan (Al-Shahrani, 46e), Al-Waked, Al-Jaber (cap.), Al-Yami (Al-Jamaan, 77e).

Allemagne-Eire 1-1
Ibaraki (JAP) – Mercredi 5 juin
Temps doux – Pelouse excellente
Spectateurs : 35 854. **Arbitre :** M. Nielsen (DAN).
Buts : Klose (19e) pour l'Allemagne ; Rob. Keane (92e) pour l'Eire.

Allemagne : Kahn (cap.), Linke, Ramelow, Metzelder, Frings, Hamann, Ziege, Schneider (Jeremies, 90e), Ballack, Klose (Bode, 85e), Jancker (Bierhoff, 75e).
Eire : Given, Finnan, Breen, Staunton (cap.), K. Cunningham, 88e), Harte (Reid, 74e), G. Kelly (Quinn, 73e), Kinsella, Holland, Kilbane, Duff, Rob. Keane.

Cameroun-Arabie saoudite 1-0
Saitama (JAP) – Jeudi 6 juin
Temps doux – Pelouse en très bon état
Spectateurs : 52 328. **Arbitre :** M. Hauge (NOR)
Buts : Eto'o (65e) pour le Cameroun.
Avertissements : Wome (10e) pour le Cameroun ; Al-Yami (59e) pour l'Arabie saoudite.

Cameroun : Alioum, Song (cap.), Kalla, Tchato, Foe, Lauren, Ngom Kome (Olembe, 46e), Geremi, Wome (Njanka, 84e), Mboma (Ndiefi, 74e), Eto'o.
Arabie saoudite : Al-Deayea (cap.), Al-Jahani, Taqer, Al-Shehri, Sulaiman (Al-Jamaan, 72e), Al-Solaimani, Al-Waked, Al-Temyat, Al-Shahrani, Al-Kathran (Al-Houssaoui, 87e), Al-Dossary (Al-Yami, 35e).

Cameroun-Allemagne 0-2
Shizuoka (JAP) – Mardi 11 juin
Temps lourd et orageux – Bonne pelouse
Spectateurs : 47 085.
Arbitre : M. Lopez Nieto (ESP)
Buts : Bode (51e), Klose (79e) pour l'Allemagne.
Avertissements : Foe (8e), Song (42e), Tchato (44e), Geremi (56e), Olembe (58e), Suffo (60e, 77e), Lauren (81e) pour le Cameroun ; Jancker (10e), Hamann (29e), Ballack (31e), Ramelow (38e, 40e), Kahn (42e), Ziege (72e), Frings (74e) pour l'Allemagne.
Expulsions : Suffo (77e) pour le Cameroun ; Ramelow (40e) pour l'Allemagne.

Cameroun : Alioum, Song (cap.), Kalla, Tchato (Suffo, 52e), Foe, Lauren, Olembe (Ngom Kome, 64e), Geremi, Wome, Mboma (Job, 82e), Eto'o.
Allemagne : Kahn (cap.), Linke, Ramelow, Metzelder, Frings, Hamann, Ziege, Ballack, Schneider (Jeremies, 80e), Klose (Neuville, 84e), Jancker (Bode, 46e).

Arabie saoudite-Eire 0-3
Yokohama (JAP) – Mardi 11 juin
Temps pluvieux – Pelouse en bon état
Spectateurs : 65 320. **Arbitre :** M. N'Doye (SEN).
Buts : Rob. Keane (7e), Breen (62e), Duff (89e) pour l'Eire.
Avertissements : Al-Temyat (61e) pour l'Arabie saoudite ; Staunton (70e) pour l'Eire.

Arabie saoudite : : Al-Deayea (cap.), Taqer, Al-Shehri, Sulaiman (Al-Jamaan, 68e), Al-Jahani, Al-Solaimani (Dukhi, 78e), Al-Owairan, Al-Shahrani, Al-Khathran (Al-Chalhoub, 67e), Al-Temyate, Al-Yami.
Eire : Given, Finnan, Breen, Staunton (cap.), Harte, G. Kelly (McAteer, 80e), Kinsella (Carsley, 89e), Holland, Kilbane (Quinn, 46e), Duff, Rob. Keane.

Classement du groupe E
1. Allemagne, 7 pts ; 2. Eire, 5 pts ; 3. Cameroun, 4 pts ; 4. arabie Saoudite, 0 pt.
Corée du sud et Etats-Unis qualifiés.

GROUPE F

Argentine-Nigeria 1-0
Ibaraki (JAP) – Dimanche 2 juin
Temps chaud – Pelouse en très bon état

Spectateurs : 43 000. **Arbitre :** M. Veissière (FRA).
Buts : Batistuta (63e) pour l'Argentine.
Avertissements : Sorin (51e), Simeone (90e) pour l'Argentine ; Sodje (73) pour le Nigeria

Argentine : Cavallero, Pochettino, Samuel, Placente, J. Zanetti, Simeone, Sorin, Veron (cap., Aimar, 78e), Ortega, Batistuta (Crespo, 81e), C. Lopez (Kily Gonzalez, 46e).
Nigeria : Shorumnu, Sodje (Justice, 74e), Okoronkowo, West, Babayaro, Yobo, Lawal, Okocha, Kanu (Ikedia, 48e), Ogbeche, Aghahowa.

Angleterre-Suède 1-1
Saitama (JAP) – Dimanche 2 juin
Temps doux – Pelouse excellente
Spectateurs : 52 721. **Arbitre :** M. Simon (BRE).
Buts : S. Campbell (24e) pour l'Angleterre ; Alexandersson (59e) pour la Suède.
Avertissements : S. Campbell (12e) pour l'Angleterre ; Allbäck (45e), Jakobsson (73e) pour la Suède.

Angleterre : Seaman, Mills, Ferdinand, S. Campbell, A. Cole, Hargreaves, Beckham (cap., Dyer, 63e), Heskey, Scholes, Vassell (J. Cole, 74e), Owen.
Suède : Shedman, Mellberg, Jakobsson, Mjällby (cap.), Lucic, Linderoth, Ljundberg, Alexandersson, M. Svensson (A. Svensson, 56e), Larsson, Allbäck (A. Andersson, 80e).

Suède-Nigeria 2-1
Kobe (JAP) – Vendredi 7 juin
Temps chaud et venteux – Pelouse excellente
Spectateurs : 36 194. **Arbitre :** M. Ortube (BOL).
Buts : Aghahowa (27e) pour le Nigeria ; Larsson (35e, 62e s.p.) pour la Suède.
Avertissements : Mjällby (31e), Alexandersson (70e) pour la Suède ; West (80e) pour le Nigeria.

Suède : Hedman, Mellberg, Jakobsson, Mjällby (cap.), Lucic, Linderoth, Alexandersson, A. Svensson (M. Svensson, 84e), Ljungberg, Allbäck (A. Anderssson, 64e), Larsson.
Nigeria : Shorumnu, Yobo, Okoronkowo, West, Udeze, Justice, Utaka, Okocha (cap.), Babayaro (Kanu, 66e), Ogbeche (Ikedia, 71e), Aghahowa.

Argentine-Angleterre 0-1
Sapporo (JAP) – Vendredi 7 juin
Temps agréable – Pelouse excellente
Spectateurs : 35 927. **Arbitre :** M. Collina (ITA).
Buts : Beckham (44e, s.p.) pour l'Angleterre.
Avertissements : Batistuta (13e) pour l'Argentine ; A. Cole (29e), Heskey (50e) pour l'Angleterre.

Argentine : Cavallero, Pochettino, Samuel, Placente, J. Zanetti, Simeone, Sorin, Veron (cap., Aimar, 46e), Ortega, Batistuta (Crespo, 60e), Kily Gonzalez (C. Lopez, 64e).
Angleterre : Seaman, Mills, Ferdinand, S. Campbell, A. Cole, Hargreaves (T. Sinclair, 19e), Butt, Beckham (cap.), Scholes, Owen (Bridge, 80e), Heskey (Sheringham, 56e).

Suède-Argentine 1-1
Miyagi (JAP) – Mercredi 12 juin
Temps frais – Pelouse en bon état
Spectateurs : 45 777. **Arbitre :** M. Bujsaim (EAU).
Buts : A. Svensson (59e) pour la Suède ; Crespo (88e) pour l'Argentine.
Avertissements : Chamot (55e), Almeyda (58e), Kily Gonzalez (75e) pour l'Argentine ; Ma. Svensson (65e), Larsson (78e) pour la Suède.
Expulsion : Caniggia (45e) pour l'Argentine

Suède : Hedman, Mellberg, Jakobsson, Mjällby (cap.), Lucic, Alexandersson, A. Svensson (Jonson, 68e), Linderoth, Ma. Svensson, Larsson, Allbäck (S. Andersson, 46e).
Argentine : Argentine : Cavallero, Chamot, Samuel, Pochettino, Almeyda (Veron, 63e), Sorin (Kily Gonzalez, 63e), J. Zanetti, Aimar, Ortega, C. Lopez, Batistuta (cap., Crespo, 58e).

Nigeria-Angleterre 0-0
Osaka (JAP) – Mercredi 12 juin
Temps agréable – Pelouse excellente
Spectateurs : 44 864. **Arbitre :** M. Hall (USA)

Nigeria : Enyeama, Sodje, Yobo, Okoronkowo, Udeze, Justice, Obiorah ; Opabunmi (Ikedia, 86e), Okocha (cap.), Akwuegbu, Aghahowa.
Angleterre : Seaman, Mills, Ferdinand, Campbell, A.H. Cole (Bridge, 85e), Butt, Scholes, T. Sinclair, Beckham (cap.), Owen (Vassell, 77e), Heskey (Sheringham, 69e).

Classement du groupe F
1. Suède, 5 pts ; 2. Angleterre, 5 pts ;
3. Argentine, 4 pts ; Nigeria, 1 pt.
Suède et Angleterre qualifiées.

GROUPE G

Italie-Équateur 2-0
Sapporo (JAP) – Lundi 3 juin
Temps agréable – Pelouse excellente
Spectateurs : 35 000 environ.
Arbitre : M. Hall (USA)
Buts : Vieri (7e, 27e) pour l'Italie.
Avertissements : Poroso (14e), De La Cruz (49e), Chala (54e) pour l'Équateur ; Cannavaro (81e) pour l'Italie.

Italie : Buffon, Panucci, Nesta, Cannavaro, Maldini (cap.), Zambrotta, Di Biagio (Gattuso, 70e), Tommasi, Doni (Di Livio, 64e), Totti (Del Piero, 74e), Vieri.
Équateur : Cevallos, De La Cruz, Poroso, Hurtado, Guerron, Obregon, E. Tenorio (M. Ayovi, 60e), Chala (Asencio, 85e), E. Mendez, Aguinaga (cap.), C. Tenorio, 46e), A. Delgado.

Croatie-Mexique 0-1
Niigata (JAP) – Lundi 3 juin
Temps chaud – Pelouse excellente
Spectateurs : 35 000 environ.
Arbitre : M. Lu (CHN).
Buts : Blanco (61e, s.p.) pour le Mexique.
Expulsion : Zivkovic (60e) pour la Croatie.

Croatie : Pletikosa, Zivkovic, R. Kovac, Simunic, Tomas, Jarni, N. Kovac, Soldo, Prosinecki (Rapajic, 46e), Boksic (Stanic, 67e), Suker (cap., Saric, 64e).
Mexique : O. Perez, Vidrio, Marquez (cap.), Carmona, Caballero, Torrado, R. Morales, Mercado, Luna, Borgetti (L.A. Hernandez, 68e), Blanco (Palencia, 79e).

Italie-Croatie 1-2
Ibaraki (JAP) – Samedi 8 juin
Temps chaud – Pelouse bonne
Spectateurs : 36 472. **Arbitre :** M. Poll (ANG)
Buts : Olic (73e), Rapajic (76e) pour la Croatie ; Vieri (55e) pour l'Italie.
Avertissements : R. Kovac (39e) pour la Croatie ; Vieri (50e) pour l'Italie.

Italie : Buffon, Panucci, Cannavaro, Nesta (Materazzi, 24e), Maldini (cap.), Zambrotta, Tommasi, Zanetti, Doni (Inzhagi, 79e), Totti, Vieri.
Croatie : Pletikosa, Saric, R. Kovac, Simunic, Tomas, Vugrinec (Olic, 57e), N. Kovac, Soldo (Vranjes, 63e), R. Jarni (cap.), Rapajic (Simic, 79e), Boksic.

Mexique-Équateur 2-1
Miyagi (JAP) – Dimanche 9 juin
Temps chaud – Pelouse en bon état
Spectateurs : 45 610. **Arbitre :** M. Daami (TUN).
Buts : Borgetti (29e), Torrado (57e) pour le Mexique ; A. Delgado (5e) pour l'Équateur.
Avertissements : Kaviedes (15e), Cevallos (27e), Guerron (49e), C. Tenorio (61e), A. Delgado (87e) pour l'Équateur ; Torrado (65e) pour le Mexique.

Mexique : O. Perez, Vidrio, Marquez (cap.), Carmona, Ramon Morales, Torrado, J. Rodriguez (Caballero, 87e), Arrellano, Luna, Blanco (Mercado, 93e), Borgetti (L.A. Hernandez, 77e).
Équateur : Cevallos, De La Cruz, Poroso, Hurtado (cap.), Guerron, Obregon (Aguinaga, 58e), E. Tenorio (M. Ayovi, 35e), E. Mendez, Chala, Kaviedes (C. Tenorio, 53e), A. Delgado.

Mexique-Italie 1-1
Oita (JAP) – Jeudi 13 juin
Temps doux – Pelouse excellente
Spectateurs : 39 921. **Arbitre :** M. Simon (BRE).
Buts : Borgetti (34e) pour le Mexique ; Del Piero (85e) pour l'Italie.
Avertissements : Arellano (2e), Perez (84e) pour le Mexique ; Cannavaro (5e), Panucci (9e), Totti (43e), Zambrotta (55e), Montella (56e) pour l'Italie.

Mexique : Perez, Vidrio, Marquez (cap.), Carmona, Arellano, J. Rodriguez (Caballero, 76e), Torrado, Luna, R. Morales (R. Garcia, 76e), Blanco, Borgetti (Palencia, 80e).
Italie : Buffon, Panucci (Coco, 63e), Cannavaro, Nesta, P. Maldini (cap.), Zambrotta, Tommasi, Totti (Del Piero, 78e), Zanetti, Inzaghi (Montella, 56e), Vieri.

Équateur-Croatie 1-0
Yokohama (JAP) – Jeudi 13 juin
Temps humide – Pelouse glissante
Spectateurs : 65 862. **Arbitre :** M. Mattus (CRC).
Buts : E. Mendez (48e) pour l'Équateur.
Avertissements : Tomas (72e) pour la Croatie ; Chala (86e) pour l'Équateur.

Équateur : Cevallos, De La Cruz, Hurtado (cap.), Porozo, Guerron, E. Mendez, Obregon (Aguinaga, 40e), M. Ayovi, Chala, C. Tenorio (Kaviedes, 76e), Delgado.
Croatie : Pletikosa, Saric (Stanic, 68e), R. Kovac, Simunic, Tomas, N. Kovac (Vranjes, 59e), Simic (Vugrinec, 52e), Rapajic, Jarni (cap.), Boksic, Olic.

Classement du groupe G
1. Mexique, 7 pts ; 2. Italie, 4 pts ;
3. Croatie, 3 pts ; 4. Équateur, 3 pts.
Mexique et Italie qualifiés.

GROUPE H

Japon-Belgique 2-2
Saitama (JAP) – Mardi 4 juin
Temps chaud – Pelouse excellente
Spectateurs : 55 256.
Arbitre : M. Mattus Vega (CRI).
Buts : Wilmots (57e), Van Der Heyden (74e) pour la Belgique ; Suzuki (59e), Inamoto (68e) pour le Japon.
Avertissements : Van Der Heyden (21e), Verheyen (62e), Peeters (63e), Van Meir (82e) pour la Belgique ; Toda (31e), Inamoto (54e) pour le Japon.

Japon : Narazaki, Matsuda, Morioka (cap., Miyamoto, 71e), K. Nakata, Ichikawa, Toda, Inamoto, Ono (A. Santos, 64e), H. Nakata, Yanagisawa, Suzuki (Morishima, 69e).
Belgique : De Vlieger, Peeters, Van Meir, Van Buyten, Van Der Heyden, Simons, Goor, Vanderberghe, Walem (Sonck, 70e), Verheyen (Strupar, 83e), Wilmots (cap.).

Russie-Tunisie 2-0
Kobe (JAP) – Mercredi 5 juin
Temps chaud et ensoleillé – Pelouse en bon état
Spectateurs : 30 957.
Arbitre : M. Prendergast (JAM).
Buts : Titov (59e), Karpine (64e) pour la Russie.
Avertissements : Semchov (27e) Alenichev (88e) pour la Russie ; Gabsi (50e), Jaziri (75e) pour la Tunisie.

Russie : Nigmatouline, Solomatine, Nikiforov, Onopko (cap.), Kovtoune, Karpine, Izmaïlov (Alenichev, 78e), Titov, Semchov (Khokhlov, 46e) Bestchastnykh (Sychov, 55e), Pimenov.
Tunisie : Boumnijel, Trabelsi, Jaïdi, Mkacher, Bouzaïène, Bouazizi, Badra (Zitouni, 84e), Gabsi (Mhadhebi, 67e), Sellimi (cap., Beya, 67e), Benachour, Jaziri.

Japon-Russie 1-0
Yokohama (JAP) – Dimanche 9 juin
Temps doux – Pelouse excellente
Spectateurs : 66 108. **Arbitre :** M. Merk (ALL).
Buts : Inamoto (51e) pour le Japon.
Avertissements : Pimenov (13e), Solomatine (38e), Nikiforov (60e) pour la Russie ; Miyamoto (16e), K. Nakata (42e), Nakayama (91e) pour le Japon.

Japon : Narazaki, Matsuda, Miyamoto (cap.), K. Nakata, Toda, Inamoto (Fukunishi, 85e), Myojin, H. Nakata, Ono (Hattori, 76e), Suzuki (Nakayama, 72e), Yanagisawa.
Russie : Nigmatouline, Solomatine, Onopko (cap.), Nikiforov, Kovtoune, Smertine (Bestchastnykh, 57e), Karpine, Titov, Izmaïlov (Khokhlov, 52e), Semchov, Pimenov (Sychov, 46e).

Tunisie-Belgique 1-1
Oita (JAP) – Lundi 10 juin
Temps très humide – Pelouse excellente
Spectateurs : 39 700. **Arbitre :** M. Shield (AUS).
Buts : Wilmots (13e) pour la Belgique ; Bouzaïène (17e) pour la Tunisie.
Avertissements : Gabsi (22e), Godhbane (43e), Trabelsi (68e), Melki (69e) pour la Tunisie ; Van Buyten (40e) pour la Belgique.

Tunisie : Boumnijel, Trabelsi, Jaïdi, Badra (cap.), Bouzaïène, Bouazizi, Godhbane, Gabsi (Sellimi, 67e), Benachour, Melki (Beya, 89e), Jaziri (Zitouni, 78e).
Belgique : De Vlieger, Deflandre, De Boeck, Van Buyten, Van Der Heyden, Vanderhaeghe, Simons (M. Mpenza, 74e), Goor, Wilmots (cap.), Verheyen (Vermant, 46e), Strupar (Sonck, 46e).

Tunisie-Japon 0-2
Osaka (JAP) – Vendredi 14 juin
Temps chaud – Pelouse excellente
Spectateurs : 45 213. **Arbitre :** M. Veissière (FRA).
Buts : Morishima (48e) H. Nakata (75e) pour le japon.
Avertissements : Bouazizi (21e), Badra (81e) pour la Tunisie.

Tunisie : Boumnijel, Trabelsi, Jaïdi, Badra (cap.), Bouzaïène (Zitouni, 79e), Bouazizi, Godhbane, Melki (Beya, 46e), Clayton (Mhadhebi, 61e), Benachour, Jaziri.
Japon : Narazaki, Matsuda, Miyamoto (cap.), K. Nakata, Toda, Inamoto (Ichikawa, 46e), Myojin, Ono, H. Nakata (Ogasawara, 85e), Suzuki, Yanagisawa (Morishima, 46e).

Belgique-Russie 3-2
Shizuoka (JAP) – Vendredi 14 juin
Temps doux – Pelouse en bon état
Spectateurs : 46 640. **Arbitre :** M. Nielsen (DAN).
Buts : Walem (7e), Sonck (78e), Wilmots (82e) pour la Belgique ; Bestchastnykh (52e), Sychov (89e) pour la Russie.
Avertissements : Solomatine (12e), Smertine (14e), Alenichev (64e) Sennikov (84e) pour la Russie ; Vanderhaeghe (39e) pour la Belgique.

Belgique : De Vlieger, Peeters, Van Buyten, De Boeck (Van Meir, 92e), Van Kerckhoven, Vanderhaeghe, Walem, M. Mpenza (Sonck, 70e), Goor, Wilmots (cap.), Verheyen (Simons, 77e).
Russie : Nigmatouline, Solomatine, Nikiforov (Sennikov, 43e), Onopko (cap.), Kovtoune, Smertine (Sychov, 34e), Khokhlov, Titov, Karpine (Kerzhakov, 84e), Alenichev, Bestchastnykh.

Classement du groupe H
1. Japon, 7 pts ; 2. Belgique, 5 pts ;
3. Russie, 3 pts ; 4. Tunisie, 1 pt.
Japon et Belgique qualifiés.

HUITIÈMES DE FINALE

Allemagne-Paraguay 1-0
Seogwipo (CDS) - Samedi 15 juin
Temps agréable – Pelouse bonne
Spectateurs : 25 176. **Arbitre :** M. Batres (GUA).
Buts : O. Neuville (88e) pour l'Allemagne
Avertissements : Schneider (35e), Baumann (72e), Ballack (92e) pour l'Allemagne ; Acuna (27e), Cardozo (50e) pour le Paraguay.
Expulsion : Acuna (92e) pour le Paraguay.

Allemagne : Kahn (cap.), Frings, Linke, Metzelder (Baumann, 60e), Rehmer (Kehl, 46e), Schneider, Jeremies, Ballack, Bode, Klose, Neuville (Asamoah, 93e).
Paraguay : Chilavert (cap.), Arce, Gamarra, Ayala, Caniza, Acuna, Caceres, Struway (Cuevas, 91e), Bonet (Gavilan, 84e), Santa Cruz (Campos, 29e), Cardozo.

Danemark-Angleterre 0-3
Niigata (JAP) - Samedi 15 juin
Temps pluvieux – Pelouse glissante
Spectateurs : 40 582. **Arbitre :** M. Merk (ALL).
Buts : Ferdinand (5e), Owen (22e), Heskey (44e) pour le Danemark.
Avertissements : Töfting (24e) pour le Danemark ; Mills (50e) pour l'Angleterre.

Danemark : Sörensen, Helveg (Bogelund, 7e), Henriksen (cap.), Laursen, N. Jensen, Rommedahl, Gravesen, Töfting (C. Jensen, 58e), Gronkjaer, Tomasson, Sand.
Angleterre : Seaman, Mills, Campbell, Ferdinand, A. Cole, Beckham (cap.), Butt, Scholes (Dyer, 49e), Sinclair, Owen (Fowler, 46e), Heskey (Sheringham, 69e).

Suède-Sénégal 1-2 (but en or)
Oita (JAP) - Dimanche 16 juin
Temps ensoleillé – Pelouse bonne
Spectateurs : 39 747. **Arbitre :** M. Aquino (PAR).
Buts : Larsson (11e) pour la Suède ; H. Camara (37e, 104e) pour le Sénégal.
Avertissements : Coly (73e), Thiaw (94e) pour le Sénégal.

Suède : Hedman, Mellberg, Jakobsson, Mjallby (cap.), Lucic, Alexandersson (Ibrahimovic, 76e), A. Svensson, Linderoth, Ma. Svensson (Jonson, 100e), Allbäck (A. Andersson, 65e), Larsson.
Sénégal : Sylva, Coly, Diatta, P.M. Diop (Beye, 66e), Daf, H. Camara, Faye, A. Cissé (cap.), P.B. Diop, Thiaw, Diouf.

Espagne-Eire 1-2 (3 t.a.b à 2)
Suwon (CDS) - Dimanche 16 juin
Temps chaud – Pelouse bonne
Spectateurs : 38 926. **Arbitre :** M. Frisk (SUE).
Buts : Morientes (8e) pour l'Espagne ; Robbie Keane (90e, s.p.) pour l'Eire.
Avertissements : Juanfran (62e), Baraja (88e), Fernando Hierro (90e) pour l'Espagne.

Espagne : Casillas, Puyol, Fernando Hierro (cap.), Helguera, Juanfran, Baraja, Luis Enrique, Valeron, De Pedro (Mendieta, 66e), Morientes (Albelda, 71e), Raul (Luque, 80e).
Eire : Given, Finnan, Breen, Staunton (cap.), Cunningham 50e), Harte (Connolly, 82e), G. Kelly (Quinn, 55e), Holland, Kinsella, Kilbane, Robbie Keane, Duff.

Mexique-États-Unis 0-2
Jeonju (CDS) - Lundi 17 juin
Temps ensoleillé – Pelouse bonne
Spectateurs : 36 380.
Arbitre : M. Melo Pereira (POR).
Buts : McBride (8e), Donovan (65e) pour les États-Unis.
Avertissements : Pope (26e), Mastroeni (47e), Wolff (50e), Berhalter (53e), Friedel (83e) pour les États-Unis ; Vidrio (36e), Hernandez (67e), Blanco (70e), Garcia Aspe (80e), Carmona (84e) pour le Mexique.
Expulsion : Marquez (87e) pour le Mexique.

Mexique : Perez, Vidrio (Mercado, 46e), Marquez (cap.), Carmona, Arellano, J. Rodriguez, Torrado (Garcia Aspe, 78e), Luna, R. Morales (Hernandez, 28e), Blanco, Borgetti.
États-Unis : Friedel, Sanneh, Pope, Mastroeni (Llamosa, 92e), Berhalter, O'Brien, Reyna (cap.), Donovan, Lewis, Wolff (Stewart, 59e), McBride (Jones, 79e).

Brésil-Belgique 2-0
Kobé (JAP) - Lundi 17 juin
Temps nuageux – Pelouse bonne
Spectateurs : 40 440.
Arbitre : M. Prendergast (JAM).
Buts : Rivaldo (67e), Ronaldo (87e) pour le Brésil.
Avertissements : Vanderhaeghe (24e) pour la Belgique ; Roberto Carlos (28e) pour le Brésil.

Brésil : Marcos, Cafu (cap.), Lucio, Roque Junior, Edmilson, Roberto Carlos, Gilberto Silva, Juninho Paulista (Denilson, 57e), Ronaldo, Rivaldo (Ricardinho, 91e), Ronaldinho (Kleberson, 81e).
Belgique : De Vlieger, Van Kerckhoven, Van Buyten, Simons, Goor, Walem, Verheyen, Peeters (Sonck, 73e), Vanderhaeghe, M. Mpenza, Marc Wilmots (cap.).

Japon-Turquie 0-1
Miyagi (JAP) – Mardi 18 juin
Temps pluvieux – Pelouse glissante
Spectateurs : 45 666.
Arbitre : M. Collina (ITA).
Buts : Ümit Davala (12e) pour la Turquie.
Avertissements : Alpay (21e), Ergün (44e), Hakan Sükür (91e) pour la Turquie ; Toda (45e) pour le Japon.

Japon : Narazaki, Matsuda, Miyamoto (cap.), K. Nakata, Myojin, H. Nakata, Inamoto (Ichikawa, 46e, Morishima ,86e), Toda, Ono, Alex (Suzuki, 46e), Nishizawa.
Turquie : Rüstü, Fatih, Bülent, Hakan Ünsal, Alpay, Tugay, Ergün, Bastürk (Ilhan, 90e), Ümit Davala (Nihat, 74e), Hasan Sas (Tayfur, 85e), Hakan Sükür (cap.).

Corée du Sud-Italie 2-1 (but en or)
Daejeon (CDS) - Mardi 18 juin
Temps lourd – Pelouse bonne
Spectateurs : 41 000 environ.
Arbitre : M. Moreno (ÉQU).
Buts : Seol Ki-hyeon (88e), Ahn Jung-hwan (117e) pour la Corée du Sud ; Vieri (18e) pour l'Italie.
Avertissements : Coco (4e), Totti (22e), Tommasi (55e), Zanetti (58e) pour l'Italie ; Kim Tae-young (17e), Song Chong-gug (80e), Lee Chun-soo (99e), Choi Jin-cheul (115e) pour la Corée du Sud.
Expulsion : Totti (103e) pour l'Italie.

Corée du Sud : Lee Woon-jae, Song Chong-gug, Choi Jin-chul, Hong Myung-bo (cap., Cha Doo-ri, 83e), Kim Tae-young (Hwang Sun-hong, 63e), Yoo Sang-chul, Kim Nam-il (Lee Chun-soo, 68e), Lee Young-pyo, Park Ji-sung, Ahn Jung-hwan, Seol Ki-hyeon.
Italie : Buffon, Panucci, Iuliano, Maldini (cap.), Zambrotta (Di Livio, 72e), Tommasi, Zanetti, Coco, Del Piero (Gattuso, 61e), Totti, Vieri.

QUARTS DE FINALE

Angleterre-Brésil 1-2
Shizuoka (JAP) - Vendredi 21 juin
Temps chaud – Pelouse en bon état
Spectateurs : 47 436.
Arbitre : M. Ramos Rizo (MEX).
Buts : Owen (23e) pour l'Angleterre ; Rivaldo (47e), Ronaldinho (50e) pour le Brésil.
Avertissements : Scholes (75e), Ferdinand (86e) pour l'Angleterre.
Expulsion : Ronaldinho (57e) pour le Brésil.

Angleterre : Seaman, Mills, Campbell, Ferdinand, Ash. Cole (Sheringham, 80e), Beckham (cap.), Butt, Scholes, Sinclair (Dyer, 56e), Owen (Vassell, 79e), Heskey.
Brésil : Marcos, Lucio, Roque Junior, Edmilson, Gilberto Silva, Cafu (cap.), Kleberson, Ronaldinho, Roberto Carlos, Rivaldo, Ronaldo (Edilson, 70e).

Allemagne-États-Unis 1-0
Ulsan (CDS) - Vendredi 21 juin
Temps doux – Pelouse en bon état
Spectateurs : 33 337. Arbitre : M. Dallas (ÉCO).
Buts : Ballack (39e) pour l'Allemagne.
Avertissements : Lewis (40e), Pope (41e), Reyna (68e), Mastroeni (69e), Berhalter (70e) pour les États-Unis ; Kehl (66e), Neuville (68e) pour l'Allemagne.

Allemagne : Kahn (cap.), Linke, Kehl, Metzelder, Frings, Schneider (Jeremies, 60e), Hamann, Ballack, Ziege, Neuville (Bode, 79e), Klose (Bierhoff, 88e).
États-Unis : Friedel, Hejduk (Jones, 65e), Sanneh, Mastroeni (Stewart, 80e), Pope, Berhalter, O'Brien, Reyna (cap.), Lewis, Donovan, McBride (Mathis, 58e).

Espagne-Corée du Sud 0-0 (5 t.a.b. à 3)
Gwangju (CDS) - Samedi 22 juin
Temps chaud – Pelouse en bon état
Spectateurs : 42 114.
Arbitre : M. Ghandour (ÉGY).
Avertissements : Yoo Sang-chul (52e) pour la Corée du Sud ; De Pedro (53e), Morientes (111e) pour l'Espagne.

Espagne : Casillas, Puyol, Hierro (cap.), Nadal, Romero, Helguera (Xavi, 94e), Baraja, Valeron (Luis Enrique, 80e), Joaquin, De Pedro (Mendieta, 70e), Morientes.
Corée du Sud : Lee Woon-jae, Song Chong-gug, Choi Jin-cheul, Hong Myung-bo (cap.), Kim Tae-young (Hwang Sun-hong, 90e), Yoo Sang-chul (Lee Chun-soo, 60e), Kim Nam-il (Lee Eul-yong, 32e), Lee Young-pyo, Park Ji-sung, Ahn Jung-hwan, Seol Ki-hyeon.

Sénégal-Turquie 0-1 (but en or)
Osaka (JAP) - Samedi 22 juin
Temps doux – Pelouse en bon état
Spectateurs : 44 233. Arbitre : M. Ruiz (COL).
Buts : Ilhan (94e) pour la Turquie.
Avertissements : Daf (12e), A. Cissé (63e) pour le Sénégal ; Emre Belozoglu (22e), Ilhan (87e) pour la Turquie.

Sénégal : Sylva, Coly, Malik Diop, Diatta, Daf, A. Cissé (cap.), Diao, Bouba Diop, Fadiga, Diouf, H. Camara.
Turquie : Rüstü, Fatih, Bulent, Alpay, Emre Belozoglu (Arif, 91e), Tügay, Ergün, Bastürk, Ümit Davala, Hasan Sas, Hakan Sükür (cap, Ilhan, 67e).

DEMI-FINALES

Allemagne-Corée du Sud 1-0
Séoul. Mercredi 25 juin.
Temps doux – Pelouse en bon état
Spectateurs : 65 256. Arbitre : M. Meier (SUI).
Buts : Ballack (75e) pour l'Allemagne
Avertissements : Ballack (71e), Neuville (85e) pour l'Allemagne ; Lee Ming-sung (94e) pour la Corée du Sud.

Allemagne : Kahn (cap), Frings, Linke, Ramelow, Metzelder, B. Schneider (Jeremies, 85e), Ballack, Hamann, Bode, Klose (Bierhoff, 70e), Neuville (Asamoah, 88e).
Corée du Sud : Lee Woon-jae, Song Chong-gug, Choi Jin-cheul (Lee Ming-sung, 56e), Hong Myung-bo (cap) (Seol Ki-hyeon, 80e), Kim Tae-young, Yoo Sang-chul, Lee Chun-Soo, Lee Young-pyo, Park Ji-sung, Hwang Sun-hong (Ahn Jung-hwan, 54e), Cha Doo-ri.

Brésil-Turquie 1-0
Saitama (Japon). – Mercredi 26 juin
Temps frais – Pelouse glissante
Spectateurs : 61.058.
Arbitre : Kim Milton Nielsen.
Buts : Ronaldo (49e) pour le Brésil.
Avertissements : Gilberto Silva (41e) pour le Brésil ; Tugay (59e), Hasan Sas (90e) pour la Turquie.

Brésil : Marcos, Lucio, Edmilson, Roque Junior, Cafu (cap.), Rivaldo, Kléberson (Belletti, 85e), Gilberto Silva, Roberto Carlos, Edilson (Denilson, 75e), Ronaldo (Luizao, 68e).
Turquie : Rustu, Fatih, Bulent, Alpay, Ergun - Umit Davala (Izzet, 74e), Tugay, Yildiray Basturk (Arif, 88e), Emre Belozoglu (Ilhan, 61e), Hasan Sas, Hakan Sukur (cap.).

MATCH POUR LA 3E PLACE

Corée du sud-Turquie 2-3
Daegu (CDS) samedi 29 juin
Temps doux – Pelouse bonne
Spectateurs : 63 483
Arbitre : M. Mane (KOW).
Buts : Hakan Sükür (1er), Ilhan Mansiz (13e, 32e) pour la Turquie ; Lee Eul-yong (9e), Song Chong-gug (93e) pour la Corée du Sud.
Avertissements : Lee Eul-yong (23e) pour la Corée du Sud ; Tugay (50e), Rüstü (83e) pour la Turquie.

Corée du Sud : Lee Woon-jae, Song Chong-gug, Lee Ming-sung, Hong Myung-bo (cap., Kim Tae-young, 46e), Lee Eul-yong (Cha Doo-ri, 65e), Yoo Sang-chul, Lee Chun-Soo, Lee Young-pyo, Park Ji-sung, Ahn Jung-hwan, Seol Ki-hyeon (Choi Tae-uk, 79e).
Turquie : Rüstü, Fatih, Bülent, Alpay, Ergün, Ümit Davala (Okan, 76e), Tugay, Bastürk (Tayfur, 86e), B. Emre (Hakan Ünsal, 41e), Ilhan, Hakan Sükür (cap.).

FINALE

Allemagne-Brésil 0-2
Yokohama (JAP). Dimanche 30 juin
Temps pluvieux – Pelouse glissante
Spectateurs : 69 029 Arbitre : M. Collina (ITA).
Buts : Ronaldo (67e, 79e).
Avertissements : Roque Junior (5e) pour le Brésil ; Klose (9e) pour l'Allemagne.

Allemagne : Kahn (cap.), Frings, Linke, Ramelow, Metzelder, Schneider, Jeremies (Asamoah, 78e), Hamann, Bode (Ziege, 84e), Klose (Bierhoff, 74e), Neuville.
Brésil : Marcos, Lucio, Edmilson, Roque Junior, Cafu (cap.), Ronaldinho (Juninho Paulista, 85e), Kleberson, Gilberto Silva, Roberto Carlos, Rivaldo, Ronaldo (Denilson, 90e).

Toutes les photos de cet album sont issues
de l'agence Corbis TempSport :

Gianni Giansanti, Stéphane Mantey, Stéphane Reix,
Vincent Van Doornick, Tim De Waele

Sauf : AFP (page 28 en bas), Flash Press
(pages 28, 29, 36, 49 au milieu et en bas à droite).

Conçu et réalisé par Copyright pour les éditions Calmann-Lévy

Maquette : Gildaz Mazurié
Assisté de : Laurence Bagot
Coordination éditoriale : Arnaud Pauper
Imprimé en Espagne